포기하는 용기

포기하는 용기

2018년 11월 26일 개정판 1쇄 발행
2024년 2월 1일 개정판 2쇄 발행

지은이 이승욱
펴낸이 김은경
펴낸곳 (주)북스톤
주소 서울특별시 성동구 성수이로7길 30, 2층
대표전화 02-6463-7000 | **팩스** 02-6499-1706
출판등록 2015년 1월 2일 제2018-000078호
ⓒ 이승욱 (저작권자와 맺은 특약에 따라 검인을 생략합니다)
ISBN 979-11-87289-49-4 (03180)

북스톤은 세상에 오래 남는 책을 만들고자 합니다. 이에 동참을 원하는 독자 여러분의 아이디어와
원고를 기다리고 있습니다. 책으로 엮기를 원하는 기획이나 원고가 있으신 분은 연락처와 함께
이메일 info@book-stone.co.kr로 보내주세요. 돌에 새기듯, 오래 남는 지혜를 전하는 데 힘쓰겠습니다.

포기하는 용기

온전한 나로 살고 싶은 이들에게 보내는
정신분석가의 지혜

이승욱 지음

북스톤

차례

포기 없는 행복이 가능할까요?

사람들은 결코 포기하지 않으려 합니다. 그 어떤 책이나 사회 명사도 포기를 권하거나 칭송하는 경우는 드뭅니다. 오히려 끝까지 포기하지 말라고 독려하죠. 포기하면 지는 거라며 말입니다.

아, 물론 최근에는 전혀 반대의 목소리가 나오기도 하더군요. 퇴사야말로 용기 있는 직장인의 선택이고, 퇴사하고 긴 여행을 떠나는 것이 유행 아닌 유행처럼 되고 있습니다. 일전에 저를 강연자로 초빙한 어떤 행사에서 제 이력을 '프로 퇴사러'라고 표기해서 놀란 적도 있습니다. 교사를 그만둔 것도, 뉴질랜드에서 일하다 한국으로 돌아온 것도 모두 '퇴사' 행위가 되었더군요.

어렵게 들어간 회사를 떠나는 것도 이 책의 키워드인 '포기'와 맥락이 닿아 있는 이야기일 듯합니다. 그렇다면 몇 년 전까지만 해도 포기하면 패배자 보듯 하던 우리 사회가 포기를 용기 있는 행위라 생각하게 된 걸까요? 어떤 계기로 우리의 인식이 이렇게 바뀌었을까요?

여러 가지 이유가 있겠지만, 쉽게 생각해볼 수 있는 한 가지 이유는 평균수명이 많이 길어졌기 때문일 겁니다. 20대 중후반부터 일을 시작하면 어쩌면 50년 이상 일해야 하는 시대가 된 것입니다. 결혼도 서른에 한다면 60년 동안 부부로 지내야 할 가능성이 높아졌고요. 그러니 서른부터 돈과 직장에 묶여 인생을 소모시키고 싶지 않다는 절박함도 있는 것 같습니다. 오래 살아야 하는데, 내가 원치 않는 일을 하면서 이렇게 평생 산다고 생각하면 끔찍하겠죠. 그러다 보니 정규직이 되는 것만큼이나 자신이 원하는 삶을 찾는 것이 중요한 흐름이 된 것 같습니다. 그래서 어렵사리 들어간 직장을 그만두는 용기를 발휘하게 되는 것이죠.

다만 제 생각에는 회사를 때려치우고 배낭여행을 떠나는 친구를 무작정 칭송할 수만은 없습니다. 뭔가를 그만둘 때, 지금 하는 일에 대한 회의와 좌절은 포기에 대해 절반의 정당성만 부여합니다. 나머지 절반은 가려고 하는 그곳에 대한 설레는 '불안'이 있어야 합니다. 설레기만 한다면 그것은 환상일 가능성이 높습니다. 다른 한편으로, 같은 논리로라면 힘겨운 회사를 그만두지 않고 계속 다니는 사람도 칭송받아야 합니다. 그 사람은 매일매일 퇴사하지 않는 것을 결정하고 실행하며 살고 있으니까요. 그 사람도 뭔가를 포기하면서 살고 있는 셈입니다.

정당한 포기란 지혜와 용기가 없으면 가능하지 않은 일입니다. 또한 적절한 시기의 올바른 포기는 인생을 얼마나 편하게 만드는지 모릅니다.

인간이 겪는 대부분의 고통은 삶의 균형이 깨어진 데서 옵니다. 균형저울에 비유해볼까요. 저울의 한쪽 접시에 욕망이 올려 있고 다른 한쪽에는 현실이 올려 있다고 칩시다. 이때 어느 한쪽이 무거우면 균형이 깨지죠. 삶이 고통스러운 순간은 대체로 현실에서 가진 것보다 욕망의 무게가 더 무거울 때입니다.

그러면 사람들은 삶의 균형을 맞추기 위해 현실의 저울에 무언가를 더 올려놓으려 애씁니다. 자녀의 더 좋은 대학, 자신과 배우자의 더 좋은 직장, 더 많은 수입과 같은 것이죠.

그런데요, 균형을 맞추는 길에는 현실의 쟁반에 더 얹는 방법뿐 아니라 욕망의 저울을 덜어내는 방법도 있습니다. 이것이 바로 포기할 수 있는 용기이며 지혜입니다.

그러나 욕망을 포기하는 용기를 가지라고만 말하는 것은 너무 단층적인 얘기가 될 것 같았습니다. 모든 욕망에는 근원이 분명히 있기 때문입니다. 근원을 알아가는 과정에는 물론 자신의 삶에 대한 반성도 필연적으로 수반되고요.

그래서 다시 찬찬히 욕망의 근원에 대해 살펴보고 궁리해보았습니다. 그러자 그리 어렵지 않게 눈에 띈 것이 있었습니다. 바로 '불안'입니다.

다시 불안에 대해 생각하다 저는 이런 의문이 들었습니다. 지금 우리가 살고 있는 시대야말로 혼란스럽고 불안하다, 그런데 지금만 그런가? 인류가 생긴 이래 불안하지 않은 적이 있었을까? 그러고 보니 '현시대는 불안의 시대'라고, 모든 시대마다 식자識者들은 아는 체를 해왔습니다. 부처의 시대에도 예수의 시대에도 중세에도 세계대전의 시대에도, 항상 인류는 불안했습니다. 즉 인류가 생긴 이래로 한 번도 불안의 시대가 아닌 적이 없다는 생각이 들었습니다.

결국 저는 '아마도 불안한 것은 시대가 아니라 우리 자신일 것이다'라는 생각을 했습니다. 시대의 불안은 불안한 인간들의 총합일 뿐이니까요.

그렇다면 현재를 사는 인간들은 어떤 불안을 합종하여 이런 시대를 만들었을까요?

시대마다 인간의 불안이 투사되는 약한 고리가 있습니다. 인류는 오랜 시간 동안 생존과 연결된 불안으로 힘들어했습니다. 그러나 지금은, 최소한 한국에서, 대다수의 사람들은 절대빈곤의 생존 불안으로부터는 어느 정도 자유로운 상태가 된 것 같습니다. 지금 우리가 혼란스러워하는 것은 '실존의 불안'입니다. 이 시대의 존재는 정체성이라는 이름 아래 너무나 많은 파편으로 분열돼 있습니다. 노년이 되어서도 지난 평생을 회의하며 자신이 누구인지 물을 정도입니다.

태어난 곳에서 죽는 것이 당연했던 시절에는 아버지의 직업이 곧 자식의 직업이 되곤 했습니다. 불과 100여 년 전만 해도 그랬죠. 하지만 이제 인간들은 투잡, 스리잡에 직장 잘 옮기는 사람을 능력 있다고 칭송합니다. 태어난 곳에서 죽는 사람도 흔치 않고, 삶의 맥락도 공간도 급변합니다. 대기업 부장으로 살던 사람이 몇 년 뒤 음식점 사장이 되고, 중소기업을 잘 꾸리던 사람이 몇 달 뒤 신용불량자가 되기도 합니다.

아버지의 역할은 미미해졌고, 어머니의 역할은 로드매니저로 전락했고, 연애는 가볍고, 결혼은 두렵고, 육아는 기피행위가 되었습니다.

우리가 앞장서서 세상을 이렇게 만든 것은 아니지만, 최소한 이렇게 흘러가도록 방관하거나 동조하거나 적극 협력한 것은 사실입니다.

이 와중에 우리는 근본적인 문제는 해결할 수 없는, 그저 위로뿐인 달콤한 이야기에 힐링을 얻고, 그런 삶은 살지도 않을 거면서 대리만족의 대상으로서만 존경하는 멘토들의 구호에 힘을 받지요. 이것을 저는 정신적 스테로이드제라고 표현합니다. 속된 말로 '뽕'을 맞는 겁니다. 그래서 힘 불끈 내서 다시 시작해보지만, 그 힘은 길어야 2~3일을 넘기지 못합니다.

우리는 왜 그럴까요? 시대의 불안은 개인의 불안의 총합이라고 했습니다. 그러므로 이 시대에 대해 우리는 책임이 있습니다. 그

책임이란 자신의 삶에 올바른 책임, 적극적인 책임을 말하는 것입니다.

하지만 이 책에서 제가 논의하려 한 것은 책임소재에 대한 것만은 아닙니다.

무엇보다 실존에 대해, 실존의 불안에 대해 말하고자 했습니다. 불안 때문에 발생하는 수많은 문제들에 대한 해법도 제안했습니다만 그것보다는 불안의 시원始原에 대한 이야기를 더 많이, 더 엄중하게 다루고 있습니다. 오염된 강물에 해독제를 살포하는 것이 아니라 강의 발원지를 소중하게 다루고 건강하게 유지하기 위한 제안을 드리는 것입니다.

특히 4장은 제가 진행한 팟캐스트 '공공상담소'에서 여러 회에 걸쳐 다루었던 내용을 정리한 것입니다. (같이 하면서 깊은 성찰의 경험을 나눠주신 세 분 선생님께 감사 말씀을 드립니다.) 이 논의를 통해 저는 '책임'이란 무엇인가에 대해 또 한 번의 통찰을 경험했습니다.

책임이란, 내가 무엇을 했는가에 대한 항변이 아니라 내가 무엇을 하지 않았던가에 대한 성찰이라고 말하고 싶습니다. '나는 이렇게 힘들게 열심히 살아왔는데 왜 이렇게 괴로울까요'라고 많은 이들이 묻습니다. 내 삶을 위해 해야 했으나 하지 않았던 무언가가 분명히 있을 겁니다. 그걸 찾아야 지금의 괴로움에서 자유로워질 수 있습니다.

예를 들어 우리가 포기할 것이 있다면 나의 행복을 타인에게서 수혈받아 채우려는 바로 그 욕구입니다. 우리가 하지 않은 것이 있다면 아마 이것에 대한 포기일 것입니다. 타인을 통해 보상받으려는 무엇이 있다면 그 욕구를 포기하면 좋겠습니다. 나의 만족을 위해 타인의 인정이 필요하다면 그것도 포기합시다.

결국 어떤 포기란 오롯한 나 자신을 위해 아름다운 것일 수도 있다는 생각을 하게 되었습니다.

이런 과정을 거치다 보니 이 책을 마무리하기까지 2년이라는 시간이 걸렸습니다. 이제 당신과 함께 고통과 직면하는 기쁨 속으로 들어갑니다. 고통 속에서 길을 찾는, 새로운 경험이 되기를 바랍니다.

이승욱

인정받지 못해 자존감이 떨어진다면

자기를 먼저
인정하고
사랑하라고?

많은 사람들이 어떻게 하면 더 행복하게 살 수 있을까 고민합니다. 개중에는 어떻게 하면 오랫동안 떨쳐내지 못했던 고통을 끝낼 수 있을까 하는 더 무거운 고민에 싸여 있는 이들도 있을 테고요.

이런 분들에게 주는 조언이 참 많습니다. 요즘은 멘토가 흔한 세상이니까요. 그들 중 많은 이들이 '자신을 먼저 사랑하라'고 말합니다. '먼저 스스로를 인정하라'고도 합니다. 세상 살아가는 지혜가 많을 것이라 여겨지는 사람들, 예컨대 심리학자나 교수, 사회명사들이 입이라도 맞춘 듯 자신을 사랑하라고, 스스로를 인정해야 한다고 말합니다.

그러면 그 말을 듣는 청중이나 글을 읽는 독자들은 '그래, 맞아. 내가 나를 사랑하고 인정하지 않으면 누가 그렇게 해주겠어'라며 고개를 주억거리기도 하죠. 어떤 이들은 (한 며칠 동안) '나는 나를 사랑한다, 나는 사랑스러운 사람이다'라는 자기암시를 걸기도 하고, 또는 잠자리에 들어 '나는 능력 있는 사람이야. 나는 나를 인정해'라며 자기최면을 거는 사람들도 있습니다.

이런 조언이 완전히 잘못된 것은 아닐 수도 있겠습니다. 우리 삶의 불행은 따지고 보면 자신이 스스로를 업신여기고, 자기 능력을 스스로 평가절하해서 발생한 경우도 많기 때문입니다.

하지만 생각해봅시다. 반대로 자신을 너무 대단하게 생각하거나 능력을 과신해서 발생한 실패나 좌절은 없던가요? 자신을 너무 대단하게 생각하다가 다음 순간 한껏 낮춰보는 것은 한 사람의 마음속에서 번갈아가며 일어나는 일이지 않습니까? 자신을 업신여기는 것도 문제이지만 터무니없는 자신감을 갖는 것도 똑같이 심각한 문제입니다.

이렇게 보면 자신감을 갖거나 자신을 사랑하고 받아들이는 등의 일보다 선결되어야 할 것이 있을 듯합니다. 심리학자로서 제가 생각하기에 그것은 아마도 자신의 삶에 대해 가능한 한 더 많이 알고, 가능한 한 더 잘 아는 것입니다. 자신에 대해 알지도 못한 상태에서 무턱대고 사회명사나 세속적으로 성공한 사람들의 말을 가져와서 자기 삶의 해답으로 삼는 것은 또 다른 내면의 갈등을 야기할 수 있습니다.

오랫동안 열등감에 빠져 힘들어하던 사람이 사회명사의 강연을 듣고 갑자기 자기존중감이 높아졌다면, 그 존중감은 허구일 가능성이 많지 않을까요? 명사의 말 한마디에 확 바뀌는 삶이라면 그 삶은 얼마나 가볍고 터무니없는 것인가 말입니다. 저는 당신이 명사의 한마디에 홀라당 인생의 태도를 바꾸겠다고 나서는 사람이 아니면 좋겠습니다. 물론 깊은 감동을 받고 진정으로 바뀌는 경우는 예외이겠지만요.

왜냐하면, 역설적으로 타인의 말 한마디에 삶의 태도가 확 바뀌지 않을 정도가 돼야 그 삶은 존중받을 자격이 있기 때문입니다. 삶이란 그만큼 엄중한 것이니까요. 따지고 보면 우리 삶에서 변화가 일어나는 때는 한순간이지만, 바뀌기까지의 과정은 결코 호락호락하지 않습니다. 누군가의 한마디가 그 고통스러운 과정을 대신해줄 수는 없는 노릇입니다.

따라 하는 삶이
되지 않으려면

앞에서 삶의 변화가 일어나는 순간은 짧지만 그 변화가 가능하려면 오랜 시간 성찰의 과정을 겪어야 한다고 말했습니다. 실상 어떤 변화든 두 가지 조건이 충족되지 않으면 일어나지 않습니다.

먼저, 변화하기까지 어떤 '과정'을 겪어야 합니다. 그리고 이 과정은 사실 그 자체로도 충분한 의미가 있습니다.

둘째, 하고 많은 과정 중에서도 '내 삶에 더욱 올바른' 과정이 분명히 있다는 것입니다. '내 삶에 올바른' 과정이란 오직 나 한 사람만을 위한 과정을 가리킵니다. 다른 누군가의 삶을 따라 하지 않는, 당신만의 과정. 따라서 당신 삶은, 누군가가 '이것이 더 나은 길이다'고 말한다 해서 우르르 몰려가는 그런 삶이 아니어야 합니다.

자, 그런데 여기에 미묘한 차이가 있습니다. 눈여겨 읽은 분은 아시겠지만, 저는 방금 앞에서 '올바른 방법'과 '더 나은 방법'을 구분해서 썼습니다. 일상생활에서는 흔히 비슷한 의미로 쓰이지만, 제가 전달하고자 하는 의미에 맞게 좀 더 자세히 설명해보겠습니다.

먼저 '더 나은, 또는 더 못한' 방법이란 대체로 '이득과 손해'라는 결과를 기준으로 판단됩니다. 반면 '올바른' 방법이란 손익계산을 떠나 스스로가 옳다고 생각하는 것을 따르는 것이고요.

이해를 돕기 위해 제 친구 이야기를 해보겠습니다. 제가 외국에서 공부할 때 만났던 미국인 친구가 있습니다. 그의 사생활을 보호하기 위해 가명을 쓰겠습니다. 편의상 톰이라고 합시다. 톰은 미국 동부에 있는 매우 좋은 대학을 나왔습니다. 그는 열심히 공부해서 장학금도 받고 좋은 성적으로 대학을 졸업했습니다. 재학 중에 연봉을 많이 주는 대기업에 인턴사원으로 뽑혔는데 근무를 잘해서 바로 취직을 했습니다.

하지만 그 친구는 청소년 때부터 미국이라는 나라에 대해 깊은 회의를 느꼈다고 합니다. 부모님의 영향을 받아 워낙 평화주

의자였던 톰은 미국 인구보다 더 많은 총기가 소지되거나 유통되고, 그것을 국가가 용인하는 것을 납득할 수 없었습니다.

그러던 차에 미국사회에서 심심찮게 일어나는 총기 살인 사건이 또 발생했고, 톰은 정말 깊은 회의에 빠졌습니다. 그는 자신이 사는 나라를 이해할 수도 인정할 수도 없었습니다. 그러면서 그는 미국이라는 나라에서 벌어지는 온갖 추악한 모습을 찾아보기 시작했습니다. 그러기를 몇 달, 톰은 결국 미국이라는 나라를 떠나기로 했습니다.

그는 지구 여러 나라를 돌고 돌다 제가 있던 뉴질랜드에까지 왔습니다. 저는 우연히 그 친구를 알게 되었고, 우리 집에 데려와 몇 달간 같이 살았습니다. 톰과 저는 많은 얘기를 나누었는데 그중 가장 인상적이었던 대목이, 부모님이 돌아가실 때 외에는 다시는 미국에 돌아가지 않을 거라는 선언이었습니다.

나는 그에게 왜 그렇게까지 '과격한' 결정을 내렸느냐고 물었습니다. 그러자 톰은 이렇게 말했습니다.

"When you're imagining something very strange, that's happening in America right now(네가 뭔가 아주 엽기적인 것을 상상한다면, 미국에서는 그 엽기적인 일이 바로 그때 실제로 일어나고 있어)."

미국이라는 나라에서는 온갖 엽기적이고 반인륜적이고 비인간적인 일들이 흔히 벌어지고 있다는 겁니다. 톰은 그런 나라에서는 도저히 살 수 없노라고 말했습니다.

말이 좋아 배낭여행자이지, 사실 그는 '국제 노숙자'에 가까웠습니다. 하지만 그는 자신이 택한 삶의 방식이야말로 자신에게 가장 올바른 선택이라 확신했습니다. 저와 몇 달간 지내면서 아르바이트를 해 비행기 삯이 모이자 그는 태국으로 떠났습니다. 지금쯤 태국에서 스님이 되었을 수도 있고, 아니면 또 다른 나라를 떠돌지도 모르겠습니다. 아니면 떠돌이 생활에 지쳐 미국으로 돌아갈 수도 있을 겁니다. 어떤 결정을 하건 톰은 자신에게 가장 올바른 결정을 했고, 그것을 실행한 경험이 있는 사람입니다. 그 힘으로 그는 자신을 인정하고 자신을 사랑하며 살 수 있을 겁니다.

'더 나은' 과정이란 돈이나 세속적 권력으로 환산했을 때 더많은 이득을 보장하는 것과 연관이 많습니다. 반면 올바른 과정이란 그런 계산으로부터 비교적 자유롭죠. 좋은 학벌과 젊은 나이에도 세상의 성공을 미련 없이 버리고 산골로 들어가 사는 어느 부부의 이야기를 들은 적이 있습니다. 그 부부의 선택은 세속적인 기준으로는 좋은 선택이 아닐지라도 자신들을 위해서는 가장 올바른 삶의 과정이었을 겁니다.

다른 예를 하나 들어보겠습니다. 대학에서 무엇을 전공할지 결정하려는데, 자녀는 물리학이나 수학을 하고 싶습니다. 하지만 부모님은 의대 가기를 원합니다. 자녀는 수학을 할 때 너무 행복하고 살아 있는 것 같다고 말합니다. 하지만 부모님은 그건 철없는 생각이며, 세상을 몰라서 하는 소리라고 합니다.

부모님은 '더 나은' 선택을 권유한 건지도 모릅니다. 그러나 그것이 자녀에게 '올바른' 삶이기도 한 것은 결코 아닙니다. 만약 이 자녀가 부모님이 원하는, 더 나은 결과를 가져다줄 것으로 예상되는 의사의 삶을 택한다 한들, 자신을 사랑하면서 살 수 있을까요? 그 학생은 부모님의 강권에 못 이겨 결국 의대에 입학했습니다. 하지만 이 학생은 자기 삶을 사랑할 수 없다면서 제 상담실을 찾아왔습니다. 똑똑하고 기초학문에 대한 애정이 가득한 그 청년의 무기력을 보면서 저는 참 안타까웠습니다.

물론 '올바른 선택=손해 보는 삶'이란 공식은 성립하지 않습니다. 올바른 선택이 더 많은 이득을 보장해주는 경우도 있습니다. 자신이 정말 사람들의 병을 고치고 싶은 열망으로 가득하다면 의사의 삶은 올바른 선택이 맞을 겁니다. 다만 제가 강조하고 싶은 것은 자신이 무엇을 원하는지 모르면서, 남들이 좋다고 하니까 별 고민 없이 좋을 거라고 생각해버리는 잘못은 저지르지 말아야 한다는 것입니다.

우리는 우리 자신에 대해 모르는 것이 참 많습니다. 나 자신이 무엇을 원하는지, 무엇이 나에게 가장 올바른지 알지 못한다면 자신에 대해 아는 것이 별로 없다는 뜻입니다. 잘 알지도 못하는 사람을 인정하거나 사랑할 수 없는 것과 마찬가지로, 나 자신을 잘 알지 못한 상태라면 어떻게 그런 자신을 인정하고 사랑하는 것이 진실한 감정이라 하겠습니까? 더 나은 선택은 자신을 모르고도 할 수 있지만, 올바른 선택은 자신을 아는 사람만이 할 수 있는 결정입니다.

당신이 원하는 것은
누구의 욕망인가요?

"당신이 진정으로 원하는 것을 추구하라."

저명한 정치철학자인 슬라보예 지젝의 말입니다. 너무 당연한 말이라 생각할 수도 있고, 혹자는 현실을 모르는 소리라며 동의하지 않을지도 모르겠습니다. 하지만 혹시 살아오면서 이런 경험은 없었나요? 내가 지금 원하는 것이 진정으로 원하는 것인지, 곰곰이 생각하다 보면 확신이 들지 않고 회의에 빠지는 경우 말입니다. 때로는 그 일을 한창 진행하는 중인데도 자기 일의 가치에 회의가 드는 때도 있지 않습니까.

이렇게 자신이 계획한 일, 진행하는 일에 회의가 드는 이유가 뭘까요? 몇 가지 생각해봤습니다.

가장 흔한 이유는 노력에 비해 결과가 좋지 않을 거라 예상되어서입니다. 우리가 사는 자본주의 경제체제에서 이런 경우는 아주 많습니다. 인간의 많은 활동이 경제적 가치로 환산되니까요. 자신이 투여한 노력과 시간에 비례해 정당한 보상을 받을 수 있다면 이런 문제는 일어나지 않겠죠. 그런데 우리가 자기 일에 회의를 느끼는 경우 중 상당수는 바로 이런 상황에서 발생합니다.

이런 경우가 흔하다는 것은 사실 이것이 매우 큰 문제라는 뜻이기도 합니다. 왜 우리가 들이는 노력과 시간에 비해 보상은 실망스러운 경우가 많을까요?

제 주변만 보더라도 자기가 합당한 보수를 받는다고 생각하는 사람은 별로 없는 것 같습니다. 아마 당신도 사정은 크게 다르지 않을 겁니다. 이 정도면 이를 개인의 문제가 아니라 구조적이고 사회적인 문제로 봐야 합니다.

이야기가 너무 넓어지는 것 같습니다만, 많은 사람들과 관련된 문제이니 짚고 넘어가야겠습니다. '잉여급여'라는 말을 들어본 적 있는지요. 하는 일에 비해 지급되는 보수가 너무 많을 때 이런 용어를 사용한다고 합니다. 그런데 지금 우리가 사는 세상에는 극소수에게 지급되는 '잉여급여'의 양이 너무 많습니다. 대기업의 오너나 고위직 임원들이 받는 급여를 보세요. 그들이 하는 일에 비해 급여는 터무니없이 많습니다. 그런 사람들을 잉여급여자라고 합니다. 경우에 따라서는 잉여급여자 한 명의 연봉이 그 회사 직원 수백 명의 연봉과 맞먹는 경우도 있습니다. 미국은 더하죠. 경제위기가 오기 전만 해도 월스트리트에 있는 금융기업 임원들의 보수는 정말 '억' 소리가 날 정도였지 않습니까.

아마도 많은 회사원들은 이들처럼 잉여급여를 받는 사람이 되고 싶겠지만, 이것이 바로 함정이기도 합니다. 삶이 힘들수록 우리는 잉여급여자가 되고 싶어 합니다. 열심히, 포기하지 않고, 자기계발을 하면서, 창의적으로 사고하고, 인간관계를 잘 맺으면서, 회사에 충성하면, 언젠가 나도 잉여급여를 받는 사람이 될 거라 생각합니다. 이런 욕망을 자극하기 위해, 그렇게 성공한 (극소수) 사람들의 성공담을 언론이나 방송 또는 책을 통해 선전합니다.

하지만 잉여급여 받기가 어디 쉽습니까. 일반 회사원이 정상적으로 진급할 때 임원이 될 가능성은 1.6%라고 합니다. 로또에 당첨될 확률보다는 높다고요? 하지만 우리나라 대학생들이 대기업에 입사하는 비율인 약 2%에 대기업 임원이 될 확률을 계산하면 로또 당첨률보다 그리 높아 보이지는 않습니다.

대학에 들어가기 위해 죽어라 공부하고, 졸업할 때는 취업하기 위해 또 그만큼 고생을 해서 용케 입사했다 해도 잉여급여자가 되기란 너무나 힘듭니다. 이런 상황, 즉 들이는 노력과 정성에 비해 돌아올 보상이 적거나 불확실할 때 자신이 하는 일에 회의하는 것은 지극히 자연스럽고 정당한 것입니다.

더 큰 문제는 이때 많은 사람들이 자신이 나약해서, 능력이 부족해서, 의지가 굳지 않아서 성공을 못했다고 생각한다는 겁니다.

지금부터 하는 이야기를 잘 들어주세요. 우리에게는 포기하고 싶을 때 포기할 권리가 있습니다. 또한 우리 각자는 자신의 욕망을 실현할 권리도 있습니다. 우리 중 누구라도 태어날 때부터 잉여급여자가 되겠다는 욕망을 품었던 사람이 있나요? 아니죠. 그런 욕망은 세상이 심어준 것입니다. 당신에게 잉여급여자가 되라고 부추기는 사람들의 근원을 찾고 찾아가보면 거기에는 기존의 잉여급여자들이 있습니다. 개미들이 잉여급여자가 되기 위해 열심히 일할수록 잉여의 양은 커집니다. 그러나 수많은 개미 중 겨우 몇몇만이 잉여급여자의 대열에 낄 수 있습니다. 나머지는요? 용도폐기되는 거죠. 그렇다면 잉여급여자가 된 이들의 사정은 괜찮을까요? 진실을 알고 있는 독자라면 잉여급여자들도 사실은 '성공한 마름'일 뿐, 진정한 권력자는 자본가라는 것을 이미 간파하고 있을 겁니다.

그런데 이 세상은, 당신 주변 사람들은, 한 개인이 느끼는 이런 회의를 나쁜 것이라고 말합니다. 그러면서 포기하지 말고 끝까지 노력하라고 합니다.

여기에는 심리학이라는 학문도 크게 일조합니다. 최근의 자기 계발서는 대체로 심리학의 이론을 사용합니다. 제도나 구조의 변화보다는 개인의 변화와 노력을 유도하는 심리학의 체제순응적인 자세도 문제이지만, 그보다는 유사심리학자들이 더 문제입니다. 한동안 대한민국에서 가장 많이 팔린 책들을 보면 '앞으로 시간이 많이 남았으니 포기하지 말고 더 열심히 살아라'거나, '너에게 일어나는 일은 모두 네가 마음을 잘못 써서 그런 것이니 네 마음을 잘 다스려야 한다'는 식이었습니다. 모든 불행이나 부조리의 책임을 개인에게 물었습니다.

이런 사람들을 단순히 한심하고 생각이 짧다고만 생각해서는 안 될 것 같습니다. 배울 만큼 배운 사람들이 수많은 개인들을 향해 더 노력하라고 꼬드기면서 문제투성이의 사회구조에 순응시키려는 것은, 거칠게 표현하면 죄악에 가까운 행위입니다. 한두 사람이 아니라 수많은 사람이 같은 문제로 자기 삶에 회의를 느끼고 고통 받고 있다면, 그것은 개인의 문제가 아니라 사회의 문제이고 구조의 잘못인데 그걸 보지 못하게 시야를 흐려놓기 때문입니다.

주제의 핵심에 접근하기 위해 한 발짝만 더 나아가겠습니다. 우리가 자신을 사랑하지 못하고 스스로를 인정하지 못하는 것은, 바로 이런 일상적인 문제에 대해 정확하게 사태를 파악하여 적확하게 대응하지 못하기 때문일지도 모릅니다. 그러면 어떻게 되느냐고요? 구조의 문제를 개인의 문제로 치환하다 보면 자기 삶의 자존을 스스로 지킬 수 없다는 사실에 좌절하기 쉽습니다. 즉 내가 문제가 아니라는 걸 알면서도 (사람 자체가 문제인 사람은 사실 아무도 없습니다) 이 문제를 두고 볼 수밖에 없는 자신에게 화가 나고 무기력해지는 것은 아닐까 하는 겁니다.

극소수의 자본가, 그들의 마름인 잉여급여자, 그리고 엄청난 수의 개미군단이라는 시스템 하에서는 개인이 온당하게 자신을 지키기 어렵습니다. 이 시스템을 움직이는 자들의 의도를 정확히 알아야 합니다. 그렇지 않고 개인에게 책임을 돌리는 한, 현재의 시스템은 우리에게 좌절의 시스템일 뿐입니다. 그러므로 내 삶을 사랑하고 나를 인정하고 싶다면 자기최면과 암시에만 매달려서는 안 됩니다. 내가 살고 있는 이 세상의 나쁜 조건에 대항해 싸우는 것은 자기 자존을 지키고 자신을 사랑하는 매우 중요한 한 축입니다. 그런 행위를 하는 것만으로도 우리의 자존은 보호될 수 있습니다.

이쯤에서 이런 질문을 하는 분들도 있겠습니다. "나 혼자서 세상을 바꿀 수 있나요? 아무도 움직이지 않는데, 나 혼자서는 불가능한데, 계란으로 바위 치기나 마찬가지죠."

결론부터 말씀드리면, 전적으로 틀린 말입니다. 혼자서 세상을 바꿀 수도 있습니다. 가장 효과적인 방법 중 하나를 예로 들면, 우리가 세상을 버릴 수도 있습니다. 아, 오해는 마세요. 자살같이 어리석은 행동을 말하는 것은 아닙니다.

저는 심리학자로서 이런 결론에 도달한 적이 있습니다. 문제를 해결하는 가장 좋은 방식은 문제를 '푸는' 것이 아니라 '없애는' 것이다. 내가 아니라 세상이 문제라면 세상에 끄들려 다니면서 세상이 원하는 방식으로 문제를 풀려고 아등바등할 것이 아니라, 세상을 버리면 된다는 겁니다. 예를 들어 앞에서 얘기한 제 친구 톰은 자신이 미국을 버린 겁니다. 저는 그렇게 세상을 버리는 사람들이 많아지면 좋겠습니다.

그래도 세상을 버린다는 말을 자살이나 도피와 같은 뜻으로 오해할 여지가 있는 것 같아 좀 더 설명하겠습니다. 우리가 세상을 버린다는 말은 정확히 어떤 뜻일까요? 이는 세상 자체가 아니라 세상에 대한 '욕망'을 버린다는 의미입니다. 우리의 진짜 문제는 세상을 버리지 못하는 것이 아니라 세상에 끄들리는 자신의 욕망을 버리지 못하는 것입니다. 그 욕망을 먼저 버려야 합니다. 그런 다음 정말 내가 원하는 스스로의 욕망을 찾아내는 것입니다. 심리학에서는 이것을 '주체의 욕망desire of subject'이라 합니다. 지금껏 나를 가동시켰던 세상의 욕망은 '타자의 욕망desire of the other'

입니다. 이것을 버리면 그다음부터 주체의 욕망을 찾게 되고, 그것으로서 내 삶을 살게 됩니다. 이렇게 될 때 우리는 진정으로 자신을 사랑하고, 인정할 수 있습니다.

노파심에 사족을 하나만 붙이겠습니다. 세상을 버리라고 해서 정말 직장을 그만두거나, 국제 노숙자가 될 필요는 없습니다. 좀 더 영악해져도 됩니다. 자신의 진정한 욕망을 찾을 때까지 하던 일은 계속해도 됩니다. 예를 들어 직장인이라면 직장을 계속 다녀도 됩니다. 대신 마음에서 직장을 버려보세요. 즉 직장이 내게 욕망하라고 한 것을 버려보는 겁니다. 그러면 세상이 내게 욕망하라고 은밀하게 강요하는 것이 무엇인지 더 똑똑하게 보일 겁니다.

저는 상담실에서 이런 작업을 하면서 마침내 삶의 자유로움을 경험하는 분들을 종종 봅니다. 그분들은 한결같이 이렇게 말합니다. 자신이 그렇게 아등바등 집착했던 것들이 아무것도 아니라는 것을 깨닫게 되었다고. 자기 욕망이라고 믿어왔던 것이 원래 자기가 원하던 것이 아니라는 사실을 깨달았다는 것입니다.

한번 곰곰이 생각해봅시다. 예를 들어, 나의 욕망이 진정 잉여 급여자가 되는 것인가? 만약 그것이 진정으로 내가 원하는 것이라 생각된다면 그렇게 살아도 됩니다. 그렇다면 그때부터는 자신이 원하는 삶에 대해 더 이상 주저하거나 회의하지 않게 될 겁니다. 또한 그렇다면 직장생활이 힘들다고 더 이상 징징거리지도 말아야 합니다.

　그러나 만약 지금 사는 방식이 내가 원하는 욕망이 아니라면, 그것을 박차고 나올 수 있습니다. 아까 말한 것처럼, 더 이상 그것에 끌려 다니는 것이 아니라 내가 그것을 버리는 거죠. 문제를 풀려고 버둥대면서 '나는 왜 이렇게 무능하고 무기력하지'라고 자책하던 삶이 아니라, 그 문제를 내동댕이쳐 버릴 수도 있다는 겁니다.

　지금 하고 있는 일이 자기 욕망인지 아닌지를 밝혀낸다면 그다음부터는 자신을 사랑하기가 한결 편해질 겁니다. 자신을 인정하는 것도 훨씬 쉬워질 겁니다. 그만큼 내 삶과 욕망에 관심을 기울이고 그것을 찾아내는 '과정'을 거쳤으니까요.

지금 당신이
희생하고 있는 것들

앞에서 우리는 잉여급여자가 되기 위해 노력하는 사람들을 예로 들어 얘기했습니다. 이들 중 소수는 원하던 대로 잉여급여자가 될 겁니다. 그러면 그들은 자기 일에 회의하지 않고 즐겁게 살까요?

저는 그렇지 않을 가능성도 있다고 생각합니다. 제가 아는 어떤 대학생이 털어놓은 고민입니다. 그 젊은이는 들어가기 어렵다는 대학에 입학했습니다. 합격 소식을 들은 날, 밤늦게 술에 취해 퇴근한 아버지가 아들을 불러놓고 이렇게 말했답니다.

"너는 나처럼 살지 마라. 나 같은 회사원은 되지 마라."

그동안 살아온 인생의 무게를 다 담아, 아버지는 아주 슬프게 말했다고 합니다.

그 아버지는 우리나라 굴지의 대기업 임원이었습니다. 청년은 아버지의 '고백성사'를 듣고 나서 혼란에 빠졌다고 합니다. 아버지는 항상 자신이 하는 일에 긍지를 가지고 열심히, 사실은 지나치게 열심히 일하는 사람으로 보였는데, 평생 자신의 삶에 회의하며 살아왔다는 사실이 믿어지지 않는다는 겁니다.

앞에서 저는 자신의 욕망에 따라 살아야 한다고 역설했습니다만, 사실 우리 중 그렇게 사는 사람은 많지 않습니다. 자신의 욕망대로만 살다가는 주변과 많은 불화를 겪을 수도 있습니다. 물론 가장 건강한 자기 욕망의 실현방식은 자신에게도 주변에도 아무런 피해가 없어야 합니다만, 현실적으로는 그렇지 않을 가능성도 큽니다. 하지만 그럼에도 저는 누구나 자신이 원하는 방식의 삶에 대해 끊임없이 고민해야 한다고 생각합니다.

요즘 우리 세상에는 '멘토'라는 사람들이 참 많습니다. 유명한 사람들은 자의건 타의건 대부분 멘토라 불립니다. '아버지'는 어디 있는지 모를 정도로 작아져버려서 아버지의 이야기를 들을 기회는 사라진 반면, 사회적으로 성공한 멘토들의 발언 기회는 참 많아졌습니다. 그들은 '자기가 원하는 것을 찾아서 열심히 노력하라'고 얘기합니다. 그러나 안타깝게도 왜 그렇게 해야 하는지에 대해서는 정작 아무도 말하지 않습니다.

좀 도발적인 질문을 해보겠습니다. 왜 우리는 자기가 원하는 것을 그렇게 찾아야 하고, 왜 그렇게 성취를 위해 미친 듯이 노력해야 합니까? 그거 안 하면 안 되나요?

가장 현실적인 예를 하나 들어볼까요? 현생인류가 생긴 이래 지금 우리 시대만큼 시험을 많이 치르는 인류가 있었습니까? 우리는 어려서부터 온갖 시험을 한 달에도 몇 번씩 치르지 않습니까? 하지만 생각해보세요. 우리 할아버지 세대만 해도 평생 시험 한 번 안 치르고도 잘 살 수 있었잖아요. 이렇게 평가와 시험이 만연한 세상을 당연한 듯 받아들이는 것도 웃기지 않습니까?

우리가 귀 기울여 듣는 사회명사들은 기본적으로 사회적 질서 안에서 성공한 사람들입니다. 수많은 시험을 무사한 정도가 아니라 우수한 성적으로 통과한 사람들입니다. 그들이 던져주는 말에 지친 몸과 마음을 위로받을 때도 있겠지요. 그러고 다시 기운을 차려서 자신이 원하는지 아닌지도 모호한 '전쟁터'로 나갑니다.

여기에는 또 하나 중요한 요인이 있습니다. '실패는 무능력자의 낙인'이라는 사람들의 불안입니다. 그런 와중에 '실패해도 괜찮아'라는 말은 얼마나 달콤하고, 실패자에게도 기회를 주는 사회를 만들자는 멘토들의 말은 얼마나 고맙겠습니까.

하지만 딱 거기까지입니다. 멘토들은 세상이 무슨 권리로 내 삶을 성공과 실패의 잣대로 평가하는지와 같은, 더욱 근본적인 질문을 던져보라고 말하지 않습니다. 내가 아니라 세상을 중심에 두고서, 그것에 기준해 내 노력과 삶의 가치를 환산해야 한다는 전제를 깔고 이야기합니다. 그런 맥락에서 사실 그들은 우리의 멘토가 아니라 자본과 그 시스템을 위한 멘토이며 지지자들이죠.

이 이야기가 잘 납득되지 않을 수도 있겠습니다. 아니, 인정하고 싶지 않을 수도 있습니다. 나를 위해 좋은 말을 해주던 사람들이 사실은 나를 착취하는 사람들 편에서 이야기한 것이라니 말입니다. 그렇다면 이 얘기를 한번 들어보십시오. 젊은이들의 멘토로 떠오른 어떤 분이 청중을 가득 모아놓고 TV에서 "자기 가치 결정권을 타인에게 양도하지 마라"는 메시지를 설파했습니다.

글쎄요, 저는 그분이 지혜롭다기보다는 대단히 순진하다는 생각이 들었습니다. 현실적으로 자기 가치 결정권을 유지하는 것은 오직 '갑'의 위치에 있을 때에만 가능합니다. 그분은 아마 한 번도 '을'의 위치에 있어본 적이 없었던 것 같습니다. 좋은 대학을 나와 직장생활을 하지 않고 책을 내고 멘토가 되었으니까요.

자기 가치 결정권을 타인에게 넘기지 말라, 듣기에 참 좋은 말입니다. 하지만 이 세상에서 가치를 결정하는 권한을 지닌 사람이 누구인지, 사람의 가치가 어떤 잣대로 평가되고 있는지, 에누리 없는 현실을 지극히 낭만적으로만 생각하지 않고서야 저런 말을 쉽게 하지는 못할 것 같습니다. 어떻게든 대학을 졸업해서 정규직으로 취업하거나, 작은 가게라도 하나 내서 자기 물건을 팔려는 사람들에게는 자기 가치를 스스로 결정할 권한이 별로 없습니다. 그분은 세속적인 가치 체계에 들어오지 않았으니 남이 자기 가치를 결정하는 것을 거부할 수 있겠죠. 그처럼 특수한 조건을 감안하지 않고 그냥 정답만 도출해서 당신들도 그렇게 하라고 하는데, 이 '멘토'의 말에 사람들이 열광합니다.

저는 어떤 면에서 글 앞부분에서 밝힌 '성공한' 대기업 임원 아버지의 고백이 우리에게 가장 솔직하고 유익한 조언이라고 생각합니다. 그의 말은 '많은 사람들이 원하는 위치에 올랐지만 그것은 정말 지옥이었다'고 읽힙니다. 그의 조언이 유익한 이유는, 그와 비슷한 속내를 토로하는 '성공한 사람'들이 적지 않기 때문입니다. 남들이 선망하는 위치에 오른 사람들 중 자신의 삶에 만족한다고 말하는 이들은 별로 없었습니다. 자신이 현재 누리는 것은 자신의 희생에 비하면 당연하거나 오히려 부족하다고 생각합니다.

그들은 무엇을 희생했다는 걸까요? 숱한 시간과 노력? 물론 그것도 맞습니다. 하지만 그들과 좀 더 깊게 얘기해보면 희생된 실체는 '오직 자신만의 욕망(주체의 욕망)'이었음을 알게 됩니다. 자기가 진정으로 원하는 것을 하지 못하고 이룬 삶이기에, 아무리 돈을 많이 벌어도 헛헛함이 채워지지 않는다는 겁니다. 그들은 잉여급여자가 되었지만 결코 행복하지도 만족하지도 못했습니다.

그 길을 젊은이들이 열망하며 따라나섭니다. 저는 차라리 어른들이 나와서 이런 이야기들을 많이 해주면 좋겠습니다. 사회적으로 성공한 사람들이 해주는 겉이 번드르르한 듣기 좋은 말이 아니라, 성공을 위해 자기 삶을 희생한 대가가 무엇인지, 그것 때문에 내 삶이 얼마나 공허한지, 이런 얘기를 들려주면 좋겠습니다. 그러니 자네들은 자신의 삶이 원하는 소리를 귀담아듣고, 세상의 욕망을 포기하는 것을 두려워 말라고 말해주는 멘토들이 많아지면 좋겠습니다.

우리는 태어날 때부터
인정에
목숨 건 존재다

지금 우리 사회는 어떤 '경계'에 서 있는 것 같습니다. 어떤 부분이 격침되어 서서히 무너지고 있다는 느낌입니다.

그 와중에 이렇게 살라, 저렇게 살라는 말은 차고 넘칩니다. 하는 말들은 다 제각각이고 그럴싸하지만 '너무 욕심내지 말고, 하지만 최선을 다해서, 실패하더라도 좌절하지 말고 끝까지 가라. 그러면 언젠가는 세상이 너를 인정해줄 것이다'는 요지로 수렴 가능합니다. 조금 더 폭을 넓히면 '행여 사회적으로 성공하지 못하더라도 자신을 실현할 수 있는 길은 많으니 다양한 방식으로 삶을 살아라, 그러면 세상이 인정해줄 것이다'라고 말하는 이들도 있습니다.

다 좋은 말인데요, 딴죽을 걸자면 저는 '세상의 인정'이라는 말만큼은 당신이 냉큼 받아들이지 말았으면 좋겠습니다. 우리가 힘든 이유가 바로 그 인정받고자 함 때문이니까요. 앞에서 말한 대기업 임원 아버지나 제가 만났던 많은 '성공한 사람들'의 고백은 결국 '세상의 인정'이라는 평가로부터 자유롭지 못해서 자신의 삶과 꿈을 희생했고, 그것이 그들의 삶을 얼마나 공허하게 만들었는지 뒤늦게 깨달았다는 서글픈 한탄이었습니다.

세상의 인정…. 곰곰이 생각해보세요. 우리가 얼마나 '인정'이라는 것에 목말라 있는지. 인정을 좇는 우리 삶에 대해 한 번쯤 회의해볼 필요가 있습니다. 우리 삶에 대해 회의해보자는 말은 내 존재에 대해 회의하라는 뜻이 아닙니다. 우리가 삶에서 가장 크게 가치를 두고 있는 것들에 대해 회의해보자는 말입니다.

우리는 부모님, 선생님, 친구, 교수님, 직장상사, 목사님, 스님, 심지어 자녀나 학생, 후배들에게도 인정받으려 합니다. 저 같은 심리학자들은 상담하는 내담자에게도 인정받고 싶어 합니다. 인간관계뿐 아니라 각종 시험이나 평가, 진급이나 연봉 등을 통해서도 자신을 인정받고 존재감을 확인해야 안심이 됩니다.

그러니 말입니다, 이제 한번 타인으로부터, 세상으로부터 인정받겠다는 욕망을 버려봅시다. 사는 것이 훨씬 가벼워질 수 있습니다. 똑같은 삶의 형태를 유지하더라도 밥벌이가 예전처럼 그렇게 무겁지 않을 겁니다. 물론 그것이 쉽지는 않죠. 타인의 유언, 무언의 인정으로부터 자유롭기란 사회적 욕망을 해방시키는 것만큼이나 어렵습니다.

도대체 우리는 어쩌다 이렇게 타인으로부터, 타인들이 만들어 놓은 이 세상으로부터 인정받기 위해 목숨 걸게 되었을까요? 설마 우리가 태어날 때부터 인정받고 싶어서 안달하는 존재는 아니었을 것 아닙니까?

아뇨, 안타깝게도 사실 우리는 그런 존재입니다.

우리는 아주 어릴 때부터 부모님의 인정을 받기 위해 노력하며 살아왔습니다. 사실 우리 성격의 많은 부분은 부모님에게 인정받기 위해 노력하면서 형성된 것입니다. 저는 정신분석을 하는 과정에서 이런 경우를 흔히 보았고, 많은 예를 들 수 있습니다.

아주 조용한 성격에, 자기주장도 별로 하지 않고 언제나 주변 사람들에게 필요한 게 뭔지 살펴서 원하기 전에 먼저 도와주는 여성이 있었습니다. 그분은 자신의 성격이 마음에 들지 않는다고, 이런 성격을 고치고 싶다고 했습니다. 과도하게 타인을 배려하고 자기 의견은 지나치게 축소시키는 성격이 스스로도 답답하다고 했습니다. 우리는 왜 그런 성격이 형성되었는지 탐색해보았는데요, 마침내 그녀의 아주 어린 시절에서 단서를 찾았습니다.

그녀가 다섯 살 무렵이었다고 합니다. 마당에서 조용히 혼자 소꿉놀이를 하고 있었는데 집안일을 바쁘게 하던 어머니가 마당을 지나가다 딸이 노는 모습을 보고는 "아이고, 우리 지영이는 혼자서도 조용히 잘 노네, 덕분에 엄마가 편하네"라고 칭찬 한마디 슬쩍 하고 가셨답니다.

이 작은 사건 하나가 그녀의 성격을 완전히 결정지었다고는 말할 수 없습니다. 하지만 그녀의 성격이 형성되는 데 영향을 끼쳤던 주변 상황을 이해하는 핵심적인 단서임은 분명합니다. 그녀는 넷째 딸이었고 밑으로도 어린 동생이 둘이나 더 있었는데, 언니들은 나이 차이가 많아서 그녀와 놀아주지 않았습니다. 어머니는 항상 집안일에 바빴고 많은 자녀를 돌보느라 힘들어하셨습니다. 가운데 낀 그녀는 어머니의 관심과 손길을 충분히 접하기 어려웠을 겁니다.

그날 어머니의 짧은 칭찬 한마디에 그녀는 '나는 혼자 조용히 잘 놀아야 엄마를 기쁘게 해드릴 수 있어. 힘든 엄마를 편하게 해드리는 건 이 방법뿐이야'라는 믿음을 갖게 됩니다. 비약이 심하죠? 네, 맞습니다. 하지만 인간의 마음속에서는 이보다 더한 일들도 벌어집니다. 이런 믿음을 심리학에서는 '비합리적 신념irrational belief'이라 합니다.

이번에는 정반대 기질의 사람을 살펴볼까요. 여기 '절대로 질 수 없다'는 초절정 경쟁심으로 똘똘 뭉친 남자가 있습니다. 그 남자는 누구에게도 진다는 것을 인정할 수 없었고, 누군가에게 패배하고 나면 끝없는 나락으로 떨어지듯 절망한다고 했습니다. 그런데 그가 패배한 경쟁이란 게 좀 많이 시시합니다. 목숨이 걸린 매우 중대한 경쟁이 아니라 실내골프장에서 직장동료들과 술내기 시합을 하거나 사내 체육대회의 씨름 같은, 남들은 웃어넘길 수준의 경쟁이었습니다.

처음에는 경쟁심이 세면 사회생활에 도움도 되고 삶의 활력도 생기니 좋다고 생각했습니다. 하지만 매 순간 경쟁심을 느끼며 산다고 생각해보세요. 얼마나 힘들겠습니까. 게다가 항상 이기기만 할 수는 없으니 가끔씩 경험하는 패배와 그에 따른 과도한 좌절감이 자신을 괴롭히기 시작했습니다.

이 남자의 경쟁심에도 어린 시절 '부모님의 인정'이라는 근원적 경험이 자리 잡고 있었습니다.

아버지는 동네에서 힘깨나 쓰는 어른이었다고 합니다. 아버지는 종종 동네 아이들을 모아놓고 마당에서 씨름을 시키거나 달리기 시합을 시켰답니다. 초등학교도 들어가기 전부터 이 남자에게는 동네 아이들과의 경쟁이 이미 익숙했습니다. 남자 형제들도 두 명이나 있어서 힘겨루기는 일상적인 일이었습니다.

아이들과 달리기나 씨름을 한 날, 1등 한 아들이 있으면 저녁 밥상에서 아버지가 칭찬을 했답니다. 그러면 어머니가 "아이고 우리 힘센 아들, 이거 더 먹어" 하면서 생선이나 계란 등 그날의 주요 메뉴를 한 점 더 덜어 밥 위에 올려주곤 했답니다. 아버지와 어머니의 상인 셈이죠. 반찬을 받은 아들과 받지 못한 아들 사이에는 묘한 기운이 흘렀겠죠.

그러던 어느 날 명절을 맞아 동네에서 씨름판이 벌어졌는데, 항상 이기기만 하던 아버지가 젊은 신예의 도전에 무너져버렸답니다. 반면 아들은 그날 자기 또래들과 맞붙은 씨름시합에서 1등을 했고요. 아버지는 패배에도 취하고 술에도 취해 집에 돌아와 방구석에 고개를 떨군 채 앉아 있었고, 어머니는 그런 아버지를 곱지 않은 시선으로 쳐다보았습니다. 그러고는 이내 시합에서 이긴 아들에게 장하다는 눈빛을 보내더니, 고기반찬을 듬뿍 집어 밥그릇에 올려주며 "그래, 이제 믿을 사람은 우리 아들밖에 없네"라고 하셨습니다. 그 말씀은 그대로 아들의 가슴에 화인이 되어 찍혔습니다. 그때 이후 이 남자의 삶은 '내 사전에 패배란 없다'가 되었습니다.

부모의 인정은 이렇게 오래전부터 우리 삶에서 중요한 기준으로 자리 잡습니다. 당신도 곰곰이 생각해보면 아주 어린 시절부터 부모님의 인정을 원해왔음을 알 수 있을 겁니다. 그러므로 우리가 사회적으로 원하는 모든 인정의 발원지는 부모님의 인정이라 할 수 있습니다. 부모님으로부터 받고 싶었던 인정을 자라면서 선생님이나 직장상사, 성직자, 또는 배우자로부터 받으려 하는 겁니다. 만약 자신이 원하는 인정을 지속적으로 받지 못하면 불안해하고, 인정받기 위해 과도하게 노력합니다.

문제는 이 세상의 구조가 우리의 인정욕구를 이용해 우리를 착취한다는 겁니다. 여자는 다소곳하고 배려와 돌봄을 눈치 빠르게 잘해야 한다는 사회적 요구에 잘 부응할 때 인정받죠. (여성들에 대한 이런 시각과 요구는 아직도 만연한 것 같습니다.) 남자는 언제나 자신의 일을 성공적으로 마무리해야 하고, 패배를 받아들이지 말고 이길 때까지 저돌적으로 싸워야 회사에서 인정해주죠. 최소한 앞에서 사례로 든 남녀는 이런 구조로 인정욕구를 채워나갈 겁니다. 이 세상을 지배하는 구조는 바로 이렇게 개인의 결핍을 이용해 착취하고 있습니다.

이런 '인정의 역사'를 모른 채 "자신을 먼저 인정하라"는 명사들의 이야기에 고개를 주억거리며 아무리 자기암시를 해봐야 자신을 먼저 인정하게 되는 기적은 일어나지 않을 겁니다. 오히려 아무리 노력해도 인정할 수 없는 자신을 보면서 종당에는 헤어날 수 없는 좌절에 빠질 수도 있습니다.

당신에게
최초의 인간은
누구입니까

이쯤에서 한 발자국 더 들어가 보겠습니다. 인정과 사랑에 관한 가장 근원적인 질문이 될 것 같습니다.

우리는 왜 '부모님'으로부터 이렇게 인정받고 싶어 했을까요? 사실은 어른이 된 지금도 인정받고 싶어 할 가능성이 크니까 이 질문은 현재진행형이 되겠죠.

우리는 어쩌다 이렇게 부모님의 인정을 갈구하게 되었는지 궁금해해봅시다. 너무나 당연하게 원했던 것이라 의심을 가지는 것 자체가 어색할 수 있겠습니다. 만약 크게 궁금하지 않더라도 정신분석학에서 설명하는 내용은 한 번쯤 들어볼 만할 겁니다.

알베르 카뮈의 유작 중 《최초의 인간》이라는 소설이 있습니다. 제목이 참 흥미롭지 않습니까? 최초의 인간이라… 누가 최초의 인간일까요. 인류 역사에서 최초의 인간을 밝혀내는 것은 불가능할 것 같습니다. 하지만 우리 인생에서 최초의 인간을 밝혀내는 건 비교적 쉽죠.

당신의 인생에서 최초의 인간은 누구인가요?

…

혹시 '어머니'라고 대답하셨나요? 어머니가 아닌 아버지 또는 다른 사람을 지목했을 수도 있겠습니다. 혹시 말입니다, 부모님과 사이가 너무 안 좋아서 부모님을 인간으로 인정할 수 없다는 분도 있나요? 그래서 내 인생에서 만난 가장 인간적인 다른 사람을 최초의 인간으로 정한 분도 있을 수 있겠죠.

혹시 최초의 인간으로 '나 자신'을 지목한 분도 있나요? 제 짐작에는 없을 것 같습니다. 내 인생 최초의 인간은 어머니라고 대답한 경우가 대부분일 겁니다.

저는 강의를 하거나 이런저런 개인적인 자리에서 "당신 인생에서 최초의 인간은 누구였습니까?"라고 물어보곤 합니다. 그러면 대체로 어머니를 꼽고, 가끔 아주 중요한 가까운 사람을 답으로 내놓습니다. 자기 자신을 최초의 인간이라고 답하는 경우는 지금까지는 한 번도 없었습니다. 그러니 당신이 최초의 인간으로 지목한 사람도 어머니나 다른 어떤 중요한 인물들이라고 가정하면서 얘기를 풀어가겠습니다.

지금, 질문하고 답하는 과정에서 아주 중요한 사실을 하나 알아낼 수 있습니다. 눈치 채셨나요? 우리가 최초로 '인식'하는 인간은 내가 아니라 (어머니이건 아버지이건 할머니이건 상관없이) '타인'이라는 사실입니다.

이와 관련된 가장 확실한 예를 하나 더 들어보겠습니다. 혹시 당신 자신을 포함해서 주변에서 어떤 갓난아이가 가장 먼저 말한 단어가 '나'였다는 경우를 들어본 적 있습니까? 아이들이 세상에 태어나서 몇 개월 지나면 '맘마'나 '빠빠' 같은 말을 옹알이처럼 하게 되는데, 그런 의미 없는 단어들 말고 목적적인 단어, 즉 대상을 지칭하거나 의사를 표현하는 말들을 사용하기 시작할 때 최초로 하는 말이 무엇이던가요. 열에 아홉은 '엄마'가 아니던가요. 간혹 '아빠'를 먼저 한다는 아이는 있어도 '나'를 먼저 지칭하는 아이를 본 적은 없을 겁니다. 저 역시 한 번도 들은 적도 본 적도 없습니다.

이것은 무슨 뜻일까요? 최초로 인식된 대상(인간)이 타인(어머니)이라는 뜻입니다. 아이의 인지체계 속에 가장 먼저 인입^{引入}된 인간이 자신이 아니라 엄마라는 말이죠.

태어나서 최초의 몇 달, 대략 5~6개월 정도의 시기를 심리학 용어로 '공생기'라 합니다. 이 시기는 자신과 타인에 대한 구분이 생기지 않은 상태라고 합니다. 특히 아이는 엄마 배 속에 있었던 경험이 여전히 강하게 몸에 남아 있어서 엄마와 자신을 분리해서 느끼지 못한다고 합니다. 그리고 아무것도 학습되지 않았기에 그 어떤 자아-타자 개념도 익히지 못한 상태입니다. 그러니 아이가 태어났을 때부터 나, 엄마, 아버지, 젖병, 이런 개념들이 있었을 리 없죠.

그래서 이 시기 아이는 자신과 타인을 구분하지 못하고, 흡사 엄마와 자신이 한 몸인 것처럼 여긴다는 겁니다. 그 상태로 아이는 주변의 자극을 받아들이고 신체 발육에 따라 정서도, 지능도, 감각도 더욱 발달합니다. 그러다 6개월 정도 되면 자신과 엄마가 다른 존재라는 것을 희미하게나마 알게 됩니다. 여기서는 다 설명할 수 없지만 아이는 꽤 간단하지 않은 과정을 거쳐서 자신을 엄마로부터 분리해냅니다. 아기가 '엄마'라는 타자를 지칭한다는 것은 엄마를 자신과 분리시켰음을 보여주는 확실한 근거죠.

저는 인간 최초의 비극이 이것이라고 생각합니다. 가장 먼저 인식된 개체가 자신이 아니라 타자라는 사실 말입니다. '어머니'는 아이에게 세상의 모든 타자를 총합하고 대표하는 인물입니다. 이 시기의 아이에게 이모, 고모, 사촌누나, 작은아버지 같은 개념들이 있을 거라고 생각하지는 않으시겠죠. 모든 인간은 '어머니' 안에 다 들어가 있습니다.

이 상황은 무엇을 뜻하나요? 나라는 존재를 인지하기 위해서는 타자가 있어야 하고, 타자가 나를 인정해야 한다는 말이 됩니다. 즉 나라는 개념이 생기려면 어머니(너, 타자)가 나(주체)를 불러줘야만, 그렇게 인정해야만 가능하다는 겁니다. 주체가 생기기도 전에 이미 타자가 먼저 형성되어버린 겁니다.

좀 골치 아픈 얘기인가요? 하지만 이는 다름 아닌 바로 우리 자신의 삶의 역사를 말하는 겁니다. 그러니 머리가 좀 아프더라도 들어볼 가치는 충분할 겁니다.

사실 이 설명은 정신분석을 공부하는 사람들도 이해하기 어려워하는 대목입니다. 라캉의 거울단계mirror stage니, 프로이트의 포르트-다(fort-da, 한국의 엄마들이 아이와 하는 까꿍놀이와 비슷한, 실몽치를 던지며 노는 놀이의 일종), 마거릿 말러의 자폐기, 공생기 등과 같은 복잡하고도 어려운 이론들에 관한 내용입니다. 저는 그 이론들을 가능한 한 현실 상황에 맞게 설명하려 노력하고 있습니다만, 여전히 어렵게 느껴질 것 같습니다. 하지만 인정에 관한 대단히 중요한 기제이니 조금만 더 참고 들어봐 주시기 바랍니다.

빠르면 8개월, 보통은 10~12개월 정도에 아이들은 '엄마'라는 최초의 단어를 사용하게 됩니다. 최초의 단어가 바로 최초의 인간을 지칭한다니 참 재미있습니다. 하이데거라는 아주 유명한 철학자가 있죠. 그분이 이렇게 말했습니다. "언어는 존재의 집이다." 저는 하이데거를 전공으로 철학 공부를 했기에 이분의 사상과 언어를 많이 신뢰하는 편인데요, 언어가 존재의 집이라면 아이가 쓴 최초의 언어인 '엄마'는 바로 아이의 존재의 집인 셈이죠. 그 말은 아이는 아직 자기 자신만의 존재를 담을 언어, 즉 집이 없다는 뜻이기도 하고 '엄마'라는 집(타인)을 통해서만 자신을 획득한다고 할 수 있겠습니다.

그런데 아이들이 크는 걸 보세요. 젖을 떼고, 서서 걷기 시작하고, 이런저런 물건을 자기 마음대로 가지고 놀 수 있게 되는 두세 살 무렵이 되면 많이 쓰는 단어가 바뀝니다. "내 거야", "내가 할 거야", "나야 나" 등과 같이 일인칭 용어를 많이 씁니다.

정리해볼까요. 우리가 자아를 형성하는 과정에서는 일인칭(나)이 아니라 이인칭(엄마)이 먼저 형성됩니다. 즉 이인칭이 더 중요한 겁니다. 자아를 쌓아가는 순서의 기층부에 자아(나)가 있고 2층에 엄마가 있는 게 아니라, 기층에 엄마(타자)가 먼저 있고 2층에 자아가 생기는 겁니다. 아주 심각한 문제 아닙니까? 끊임없이 자기 존재를 확인하기 위해 타자의 확인을 필요로 하는 메커니즘이 우리 내부에 처음부터 만들어져 있다는 의미니까요.

　이 과정에서 부모(어머니)가 긍정적인 인정과 자극을 충분히 제공한다면 아이의 자아는 건강하게 형성될 겁니다. 그리고 이 시기에 자신이 충분하고도 건강한 '존재'임을 인정받았다면 아이는 성장하면서, 또 어른이 되어서도 타인의 인정에 일희일비하지 않을 가능성이 큽니다.

　이 시기에는 엄마가 아이의 몸을 어떻게 다루었는가가 중요합니다. 기저귀를 갈아줄 때, 울 때, 젖을 먹일 때 엄마가 아이의 몸을 어떻게 다루었는지는 훗날 아이가 자기 신체 이미지와 자기존중감을 형성하는 중요한 원인이 됩니다.

　이것보다 더 중요한 것은 바로 아이를 쳐다보는 엄마의 눈길입니다. 이 시기에 아이와 엄마의 가장 중요한 대화는 '쳐다봄'입니다. 아직 두 사람은 언어로 의사소통을 할 수 없기 때문입니다. 엄마가 진정한 애정을 담아서 다정하고 따뜻하게 아이를 쳐다보는 시간이 많을수록 아이의 자기인정감은 건강하고 튼튼하게 형성될 것입니다.

　그래서 저는 심지어 이렇게 말합니다. '존재는 응시에 의해 조각된다'고요. 엄마가 자신의 신체언어로 아이를 어떻게 대우했는가는 사실 성인이 된 아이도, 심지어 아이를 키운 어머니 자신도 기억하지 못합니다. 하지만 기억하지 못한다고 그 경험이 어디 가나요. 그 경험은 아이의 몸에 저장됩니다. 이 시기의 피양육 경험은 인간의 남은 생애에 걸쳐 몸속 깊은 곳에서 무의식적으로 계속 작용하게 됩니다.

주변 사람들이 자신을 주로 어떤 시선으로 쳐다보는지 한번 눈여겨보세요. 사실 가족 간에도 상대를 따뜻하고 사랑스럽게 쳐다보는 눈길은 많지 않은 것 같습니다. 심지어 부모-자녀 간에도 말입니다. 부부, 연인 간은 또 어떤가요? 당신은 소중한 이들과 평생 '인정의 기억'으로 각인될 눈길을 주고받고 있는지요?

이것보다 더 중요한 것이 있습니다. 내가 타인들의 시선을 주로 어떻게 해석하는지 스스로 관찰해봐야 합니다. 그 사람들의 마음과 상관없이, 타인이 나를 바라보는 눈길을 오해, 오독하는 이들도 많습니다. 그냥 무심히 쳐다보았는데 자신을 못마땅하게 봤다고 여기고, 관심 있는 눈길로 우호감을 표했는데 오히려 째려봤다고 여기는 경우도 있습니다. 또는 타인들의 눈길 자체를 싫어하거나 그 순간 엄청난 긴장감을 느끼는 사람도 있습니다.

우리는 타인과 말을 하기 전에 먼저 눈을 맞춥니다. 타인의 응시로부터 스스로를 구속하지 않을 수 있다면 얼마나 좋겠습니까?

누구의 인정 없이
스스로
인정할 수 있으려면

지금 우리는 우리 삶의 동력처럼 여겨지는 '인정'이라는 주제로 이야기하고 있습니다. 앞에서는 우선 인정에 관한 인간의 정신분석적 메커니즘에 대해 살펴보았습니다. 이제 다시 인정을 중심에 놓고, 인정을 둘러싼 나와 세상의 관계를 어떻게 재설정할지에 대해 잠깐 이야기하겠습니다. 많은 사람들이 인정을 사랑으로 해석하기 때문에 지금까지는 인정과 사랑을 구분하지 않고 다루었습니다만, 앞으로는 경우에 따라 조금씩 구분해서 얘기하겠습니다.

많은 사람들이 인정의 기본 조건으로 '있는 그대로의 나를 봐

달라'고 말합니다. 애써 나를 포장하지 않더라도 다른 누군가가 아닌 나 자신을 제대로 알아봐 달라는 겁니다.

"너는 왜 나를 있는 그대로 받아주지 못해? 우리 그만 헤어져!"

얼마나 많은 연인이 이런 다툼을 벌이고 있는지요.

"아내는 나를 있는 그대로 인정해줘요. 그 사람과 있으면 마음이 편해요."

많은 남편과 아내가 상대에게 기대하는 것이 바로 이것이라고 합니다.

우리는 이렇게 자신을 있는 그대로 받아주기를 바라고, 세상에 그런 사람이 하나쯤은 있기를 바랍니다. 마치 아이가 부모에게 바라듯이 말이죠. 그런 사람이야말로 나를 사랑해주는 사람이라고 믿고 있습니다. 그런데 슬프게도 이런 사람을 만나기란 여간 어려운 게 아닙니다.

그런데 아이도 아니고 어른이 된 사람이 여전히 자신을 인정해줄 '그 한 사람'을 찾아 헤맨다면 이는 무슨 뜻일까요? 그런 사람을 지금껏 한 명도 제대로 가져본 적 없었다는 뜻 아닐까요. 부모님이요? 글쎄요…. 어떤 면에서는 부모님이야말로 나를 그대로 받아주지 못한 대표적인 사람 아닐는지요. 물론 자식에게 자신의 욕망을 투사하지 않는 훌륭한 부모님을 아주 가끔씩은 보았습니다. 하지만 대체로 부모야말로 사랑이라는 이름으로 그들이 원하는 방식과 방향으로 자식을 키우려 합니다. 그런 면에서 보면 부모님은 자녀를 가장 있는 그대로 받아들이지 못하는 이들이라 할 수도 있지 않을까요.

어쨌건 많은 사람들이 나를 있는 그대로 받아달라고 말합니다. 구체적으로 어떻게 해달라는 걸까요?

'터무니없이 화를 내도 풀릴 때까지 받아주고, 말도 안 되는 고집을 피워도 오냐 오냐 해주고, 새벽에 불러내도 군소리 없이 바로 나와주고, 기분 내키는 대로 철없이 굴어도 다 들어주는 사람', 즉 '나란 사람을 참아주는 사람' 정도로 생각하는 것 같습니다.

사실 그 말은 나는 아무런 노력도 하지 않고 마음대로 해도 다 받아달라는 거겠죠. 그리고 그것을 상대가 나를 지극히 사랑한다는 뜻으로 해석합니다. 하지만 객관적으로 보면, 이것은 또한 지극히 이기적인 바람 아닌가요? 갓난아이처럼 아무것도 안 하고 누워만 있어도 다 알아서 해주고, 젖 달라고 칭얼대면 즉각 젖을 물려주고 기저귀 젖으면 갈아주는 아기 같은 존재가 되기를 원하는 건데, 누가 성인에게 이렇게 해줄 수 있습니까. 우리는 더 이상 어린아이가 아닙니다. '있는 그대로의 자신'이 받아들여지길 바란다는 것은 사실 굉장히 유아적인 바람입니다.

여기서 우리가 입장 바꿔 진지하게 생각해봐야 할 것이 하나 있습니다. 우리가 원하는 '무조건적 인정 또는 사랑'을 나는 과연 타인에게 해줄 수 있나요? 지금껏 타인을 있는 그대로 인정해줘 본 적이 있는지요. 아마도 내가 타인에게 인정받기 어려웠던 만큼이나 어려운 일일 겁니다. 이처럼 우리가 타인에게 인정받기도, 타인을 있는 그대로 인정하기도, 서로 딱 그만큼 어렵습니다.

사실 누군가를 있는 그대로 봐줄 수 있다는 생각은 환상에 가깝습니다. 우리는 누구나 자신의 입장에서 다른 사람을 판단할 수밖에 없습니다. 자신이 자라온 환경과 조건 속에서 누구나 일정한 편견이나 선입견을 갖게 되고, 자신의 경험에 근거해 타인을 보게 되니까요. 심지어 자기 자신조차 있는 그대로 바라보기 어렵습니다. 오죽하면 '남의 눈의 티끌은 보여도 자기 눈의 들보는 못본다'는 말이 있겠습니까. 그만큼 자신을 객관화하기가 어렵다는 것입니다. 그러니 나를 있는 그대로 봐달라는 말은 자신도 못하는 일을 요구하는 것일 수 있습니다.

더 중요한 문제는 '있는 그대로 본다'는 말에 숨겨진 전제입니다. 누군가에게 있는 그대로의 나를 봐달라는 말은 그저 나를 어떻게 바라봐 달라는 소박한 요구가 아닙니다. 내가 어떻든 나를 받아들여 달라, 내가 어떻게 하든 나를 사랑해달라는 말입니다. 사실 '누군가를 있는 그대로 바라본다'는 것과 '누군가를 받아들이고 사랑한다'는 것 사이에는 어떤 논리적인 상관관계도 없습니다. 만약 당신의 연인이 '너를 있는 그대로 보게 되니 너란 인간을 더 이상 견딜 수가 없구나'라는 결론을 내린다면 어떻게 하시겠습니까? 그럴 수도 있지 않을까요?

결국 '있는 그대로 봐달라'는 말을 통해 우리가 전달하고자 하는 것은 '나도 모르는 나 자신을 알아봐 달라'는 것이며 '내 실체가 어떻든 나를 참아주고 사랑해달라'는 것입니다. 그것은 타인에게 의존해 살아가는 우리 모두의 불가능한, 어쩌면 그래서 가장 끈질긴 바람이자 요구인지도 모릅니다.

앞서 내가 인정받기 어려운 것처럼 우리가 타인을 인정하는 것도 어렵다고 말했습니다. 맥락상 딱 맞아떨어지지는 않지만, 포괄적으로 보았을 때 이 상황에 적당한 말이 있습니다.

"지옥은, 타인이다."

사르트르가 한 말입니다. 저는 이 문장을 처음 읽었을 때 무릎을 탁 쳤습니다.

"그렇지. 타인이 지옥이지. 내가 타인들에게는 지옥이겠지. 내가 타인들의 타인이니까."

서로에게 인정받고자 하지만 그것이 충족되는 경험을 하기 지극히 어려운 까닭은 타인에 대한 나의 욕망, 나의 편견이라는 자기중심주의가 있기 때문입니다. 흡사 자기 팔보다 더 긴 젓가락으로 밥을 먹으려는 것과 같은 상황이죠. 서로에게 떠먹여 줘야만 먹을 수 있는 젓가락을 들고 왜 나를 먼저 먹여주지 않느냐고 화내는 것과 다르지 않습니다. 긴 젓가락으로 타인을 먹여주는 곳은 천국이고, 자기만 먹겠다고 아우성치는 곳은 지옥이라죠. 우화집에 나오는 이야기이니 읽어보거나 들어본 적이 있을 겁니다. 사르트르가 '지옥은, 타인이다'라고 한 말이 좀 이해가 되시나요. 내게 지옥은 타인들이지만, 타인들에게는 내가 지옥이 되기도 합니다.

이제 우리가 타인을 인정하게 되는 메커니즘을 한번 생각해보지요. 당신은 어떤 사람을 인정하시나요? 남을 배려하고 사려 깊은 사람에게 끌리지 않나요? 지식과 교양을 쌓아 마음의 깊이가 있는 사람을 존경하지 않나요? 사회적으로 성공해 경제적 여유를 누리는 사람을 선망하지 않습니까?

우리는 그런 잣대로 사람들을 평가하고 인정하며, 바로 그 방식과 시선으로 자기 자신도 바라봅니다. 그런데 나는 평가나 선망 또는 무시 같은 잣대로 남들을 보면서, 정작 그들에게는 나를 그런 식으로 바라보지 말아달라고 요구한다면? 이건 정당한가요? 자신은 왜 그런 시선으로 평가받으면 안 되나요? 자신이 없기 때문 아닌가요?

네, 맞습니다. 우리가 흔히 생각하는 '있는 그대로의 나'를 보라는 요구는, 타인을 평가하는 잣대를 자신에게 적용하니 스스로 생각해도 별 볼 일 없고 사랑할 수 없더라는 자기고백에 다름 아닙니다.

나를 있는 그대로 인정해주기 바라는 것은 유아적이고 상상계적인 발상입니다. '어른'이 인정받는 것은 다른 차원이어야 합니다. 한마디로 '인정할 건덕지'가 있어야 합니다. 자신이 먼저 사려 깊은 사람이 되도록 노력해야 합니다. 자신의 학식을 연마해야 합니다. 자신이 원하는 만큼 돈을 벌기 위해 진심으로 노력해야 합니다. 내가 원하는 것을 누군가가 가졌고 그를 인정한다면, 내가 그것을 가지면 스스로를 인정하게 되지 않겠습니까. 나를 인정하겠다면서 정작 어떤 노력도 하지 않고, '나 자신을 사랑해야 해'라고 자기암시만 하는 것은 자기 귀에 계속 거짓말을 속삭이는 것과 다를 바 없습니다.

여기에서 정말 새겨야 할 것이 있습니다. 앞에서 '과정'의 중요성에 대해 얘기했죠. 당신이 원하는 것을 진정으로 추구해본 경험이 있다면 알 겁니다. 결과가 어떻든 경험 그 자체만으로도 자신을 인정하고 나아가 사랑할 수 있게 된다는 것을요. 자신을 인정하기 위한 노력, 그건 그만큼 자신에게 관심을 기울인다는 뜻입니다. 그리고 때로는 그 과정 자체가 자신을 사랑하고 인정할 건덕지가 되기도 합니다. 자신을 사랑할 만한 건덕지, 그것은 많이도 필요 없습니다. 하나만 있어도 가능합니다. 스스로 인정할 수 있는 어떤 것, 그것 딱 하나가 우리에게 필요합니다.

좀 쑥스럽지만 제 경험 하나를 소개하겠습니다. 이것이 제가 스스로를 인정하게 된 가장 큰 경험 중 하나여서 같이 나누려 합니다. 으스대거나 자랑하려는 것이 아님을 알아주면 좋겠습니다.

외국에 나가 어쭙잖은 영어실력으로 심리학을 공부할 때였습니다. 모든 수업은 열띤 토론으로 진행되었지만, 저는 언제나 독립투사(모진 고문에도 결코 입을 열지 않는…)처럼 수업에 임했습니다. 교재를 읽는 데 동료들보다 서너 배의 시간을 쓰고도 다음 페이지를 넘기면 금방 잊어버리기 일쑤였습니다. 어떤 과목은 재시험을 치른 끝에 겨우 첫 학기를 통과했습니다.

방학이 끝나고 새 학기가 시작될 무렵이 되자 저는 너무 두렵고 불안했습니다. 10분의 1도 알아들을 수 없는 수업, 내게는 너무 과중한 교재 읽기와 쓰기, 실습, 발표… 아마 제 삶에서 공부 때문에 가장 힘들고 불안했던 시기였을 겁니다. 설상가상으로 개인적인 일들도 겹쳤습니다. 한국에 계신 아버지와 어머니의 병환, 친척의 거짓말 때문에 겪게 된 경제적 곤궁함, 아내의 임신 등 개인이 겪을 수 있는 모든 큰일이 제게 한꺼번에 닥친 것 같았습니다. 저는 너무 힘들었고, 불안했고, 외롭고, 아득했습니다. 무엇보다 되지도 않는 영어실력으로 고난도의 수업을 매일 수강해야 하는 것은 공포에 가까웠습니다.

개강을 며칠 앞둔 어느 새벽에 깨어 조용히 생각을 했습니다. 어떻게 할 것인가, 여기서 접고 귀국을 하거나 장사라도 할까, 아니면 더 견뎌내야 하나?

부모님께는 죄송했지만 귀국한다고 더 나아질 건 없었습니다. 장사를 하기에는 재주도 자금도 없었고, 결국 선택은 공부를 계속하는 것밖에 없었습니다. 공부를 하러 왔고 또 공부 외에는 다른 길이 없다는 생각이 들자 문득, 더 큰 고통 속으로 나를 밀어넣어보고 싶다는 오기가 발동했습니다. '이번 학기만 더 견뎌보자'고 결심하고는 매일 밤 108배를 하고 불경을 읽기 시작했습니다. 불교 신자는 아니지만 부모님이 신실한 신자여서 불교의 영향을 많이 받았거든요. 석 달 하고 20일 정도면 한 학기가 끝나니 딱 100일만 하자고 생각했습니다.

그런데요, 그렇게 시작한 108배와 불경 읽기를 무려 3000일간

했습니다. 석사를 다 마치고 또 다른 석사학위를 하고 박사를 마칠 때까지 말입니다.

당시 제 하루 일과는 대개 새벽 4시 정도에 끝났습니다. 아르바이트에, 파트타임 직장일에, 학교 과제를 하고, 수업 교재를 읽어두려면 언제나 시간이 부족했습니다. 공부하던 약 10년간 하루 수면이 5시간을 넘겨본 적이 별로 없습니다. 그렇게 잠이 부족했음에도 할 일을 마치면 108배를 했습니다. 어떤 때는 너무 힘들어서 절을 하다 울기도 하고, 너무 잠이 와서 절을 하다 엎어져서 그대로 잠이 든 적도 많았습니다.

학위 하나를 시작하고 마칠 때까지 1000일, 또 1000일, 그리고 또 1000일. 모두 3000일 동안 매일 108배를 해오면서 마음으로 기원했던 것은 무사히 학위를 마치게 해달라는 것이 아니었습니다. '매일이 전쟁 같은 하루, 오직 오늘 하루 버틸 힘만 마련하자' 였습니다. 오늘 하루 버틸 힘을 내 안에서 찾자는 것이 절을 하는 이유였습니다. 그렇게 하다 보니 나중에는 학위를 마치지 못할까봐 두려운 것이 아니라 1000일을 기약했던 나 자신과의 약속을 지키지 못할까 봐 겁이 났습니다. 어쨌건 울며불며 겨우 학위를 마쳤습니다.

그때 이후 저 자신에게 자랑스러운 것은 석사나 박사학위가 아닙니다. 3000일 동안 자신과의 약속을 한 번도 어기지 않았다는 것이 훨씬 뿌듯합니다. 학위는 정말 종이 한 장이더군요. 오히려 아무도 시키지 않았고, 아무도 지켜보지 않았고, 누구도 알아주지 않았던 새벽 108배의 경험을 통해 저는 스스로를 인정할 건덕지 하나를 마련했습니다. 세상 누구도 알아주지 않더라도 저 자신이 인정할 건덕지 말입니다.

저는 이렇게 생각합니다. 자신을 인정하기 위한 과정은 세상에 알릴 필요도 없고, 타인의 확인도 필요 없는 오로지 스스로에 대한 약속, 스스로가 인정할 수 있는 기준을 이행한 약속이어야 한다고 말입니다. 이것이 바로 인정욕구의 메커니즘을 극복할 수 있는 가장 올바른 방법 중 하나라고 생각합니다. 우리는 결국 타인의 인정에 목매고 있지 않습니까. 저 역시 타인의 인정에 목말랐던 적이 있습니다. 그 인정을 채우기 위해 헛된 노력을 거듭하기도 했습니다. 하지만 저는 타인을 전제로 한 인정욕구의 구조를 넘어설 수 있는 '사건'을 스스로 만들었고, 결국 그 '과정'을 통해 저 자신을 스스로 인정할 수 있는 힘을 약간이나마 얻게 되었습니다.

나를 인정해주는 주체는 세상이 아니라 나 자신이며, 인정의 순서도 역시 세상이 먼저가 아니라 나 자신의 기준과 근거가 먼저여야 합니다. 물론 우리 존재가 이미 타자를 기준에 놓고 자아를 형성했기에, 존재인정의 주체와 순서를 바꾸는 것은 굉장히 어렵습니다. 그러나 어렵다고 해서 그것을 포기해야 한다는 말은 아닙니다.

타인의 인정을 얻기 위해 살아가는 것은 고통스러운 일입니다. 스스로를 인정하기 위해 겪는 과정도 고통스럽습니다. 우리는 이 두 가지 고통 중 한쪽을 택해야 합니다.

전자의 고통에서 벗어나려면 반드시 타인이 있어야 합니다. 반면 후자는 오직 자신을 통해 삶을 다시 만들어내는 것이며, 스스로 이겨내야 하는 과정입니다. 후자를 택했을 때 얻는 또 하나의 이득은 자신을 인정하게 됨으로써 역설적으로 타인의 고통에 진정으로 공감할 수 있게 되며, 타인의 삶에 관심을 기울일 수도 있게 된다는 점입니다. 그로써 세상과 깊이 연대하고 사람을 사랑하는 방법까지 알게 될 것이라 생각합니다.

우리 사회에는 자기 삶을 살지 못하는 '헛똑똑이'들이 적지 않습니다. 스스로를 인정하지 못하고 남들의 인정에만 급급한 사람들 때문에 많은 일이 벌어집니다. 그들은 자신의 욕망이 무엇인지도 모르고, 자기를 성찰해 세상과 공감해본 경험이 없으며, 그저 세속적 인정과 권력만 탐닉합니다. 그들은 권력이, 돈이, 명예가 자신의 존재가치를 보장해준다고 믿습니다. 하지만 그런 믿음은 허망한 행위만 반복시킬 뿐입니다. 스스로를 인정하지 못하는 사람일수록 세속적인 허명虛名에 자신을 더 옭아매기 때문입니다. 존재가 불안할수록 허명에 목을 매게 되어 있습니다.

저 역시 제 존재가 불안할 때가 많습니다. 하지만 그 불안으로부터 도망가기 위해 세상의 허명을 좇지 않을 정도는 되었습니다. 불안의 고통 속으로 자신을 밀어 넣어본 한 번의 경험 덕분에, 불안을 느낄지언정 그 불안에 송두리째 휘둘리지는 않게 된 것 같습니다. 불안은 항시 찾아오지만 어느덧 제 오랜 친구가 되었고, 그것을 잘 알게 되었습니다. 스스로를 인정한 사람이 되면 불안을 잘 견뎌낼 수 있고, 자기 삶을 올바르게 바라볼 수 있는 것 같습니다. 그 힘으로 타인의 삶도 도울 수 있습니다.

나를 인정하기 위해 우리에게 필요한 것은 세상이 원하는 것이 아닙니다. 나 자신이 인정할 수 있는 '그것' 하나를 갖추면 충분합니다. 누구의 인정도 바라지 않고, 세속적 보상이 없어도 스스로와의 약속을 지켜낸 사람, 즉 자신을 지켜낸 사람만이 자신을 인정하고 사랑할 수 있습니다. 그러기 위해서는 인정이라는 무의식의 메커니즘을 분명히 알아야 하지 않겠냐고 말씀드렸습니다.

너무 거창하고 너무 멀고 아득한 일이라서 엄두가 나지 않는다고요?

아닙니다, 결코 아닙니다. 모든 일은 그저 작은 한 걸음에서 시작됩니다. 자질구레한 짐과 가재도구로 꽉 찬 집에 이삿짐을 옮기러 들어온 분들이 가장 먼저 하는 일이 무엇이던가요. 바로 눈앞에 있는 짐들부터 하나씩 바구니에 챙겨 넣는 것입니다. 저 멀리 까마득한 산에 도달하게 하는 것도 바로 처음 한 걸음입니다. 아무것도 하지 않으면 아무 일도 일어나지 않습니다. 잘 아시잖아요.

존재감이 없어서 괴롭다면

누군가에게는
치명적 존재가
되고 싶은가요?

"정말, 내가 없으면 식구들은 하나도 안 해요. 아무것도 안 돼요. 하나부터 열까지 다 챙겨주지 않으면 안 되니 이제는 정말 지겹고 힘들어요."

상담실을 찾은 한 내담자가 이렇게 하소연했습니다. 이 내담자뿐 아니라 요즘 많은 엄마들은 과도하다 싶을 정도로 자녀에게 정성을 쏟아붓습니다. 끼니와 건강은 기본이고, 친구관계며 공부도 당연히 참견합니다. 그러다 보니 온갖 것을 다 신경 써야 하고, 자녀의 일거수일투족에 잔소리를 하고 화를 내며 통제하게 되죠. 그러면서 자신이 이렇게 인생을 희생해가며 뒷바라지하느라 힘들다는 것을 제발 좀 알아달라고 합니다. 내가 너희를 위해 이렇게 희생하는데 자식이 돼서 어쩜 그렇게 내 말은 하나도 안 듣고 속만 썩이느냐고 패악을 부리는 엄마들이 참 많습니다. '패악'이라니 좀 심한 표현인가요. 아뇨, 이런 행동은 희생이나 사랑이 아니라 '협박'이라고 해야 맞습니다.

인숙 씨는 아들과의 심각한 불화로 상담실을 찾았습니다. 상담실을 처음 찾은 날 인숙 씨의 얼굴이 지금도 기억납니다. 분노로 가득한 얼굴 말입니다. 아들이 대학에 입학한 후 관계가 심각하게 나빠진 것이 가장 큰 이유였는데, 급기야 얼마 전에는 아들이 집을 나가서 살겠다고 선언했답니다. 지난 1년 반 동안 엄마와 씨름하며 아들도 지치긴 마찬가지였을 테죠. 그러나 상태는 인숙 씨가 더 심각했습니다. 아들이 집을 나가겠다고 선언한 후 인숙 씨의 분노는 걷잡을 수 없이 커졌고, 자신도 무서울 정도로 온갖 상상을 다 하게 된다고 호소했습니다. 어떤 상상은 너무 끔찍해서 자신도 소스라칠 정도라며 두려워했습니다.

어떤 상상인지 하나만 말해달라고 부탁하자 인숙 씨는 힘겹게 입을 뗐습니다. "생각 같아서는 아들을 발가벗겨 집에 가둬놓고 옷이고 돈이고 깡그리 없애버려서 도망 못 가게 만들고 싶어요. 그렇게 해놓고 철저하게 제 말에 복종하는 아이로 만들어놓고 싶어요."

그 말을 들으면서 그녀에게 아들은 애완견 같은 존재라는 생각이 들었습니다.

이런 비상식적인 분노가 어디에서 비롯되었는지 궁금했습니다. 왜 아들을 저렇게 잡아두고 싶은 걸까? 왜 아들을 철저하게 자기 영향력 아래 두고 싶은지 알고 싶었습니다. 물론 그 사실을 가장 정확하게 알아야 할 사람은 인숙 씨 자신이지만 말입니다.

인숙 씨는 평범한 직장에 다니는 남편과 아들 하나, 딸 하나를 둔 보통 가정의 전업주부였습니다. 대학을 졸업하고 견실한 중소기업에 취직해서 커리어를 쌓아가던 중 남편을 만나 결혼하면서 주부로만 20년 넘게 살았다고 했습니다. 누가 봐도 안정된 가정을 꾸리며 어려움 없이 살아왔다고 할 법했습니다.

그런데 결혼하고 시간이 지나면서 인숙 씨의 태도는 아들뿐 아니라 가족 모두를 질리게 할 정도로 집착적으로 변했던 것 같습니다. 새벽까지 술을 마시고 들어온 다음 날, 입맛이 없어 꿀물 한잔으로 간단히 때우고 싶은 남편의 턱 밑에 생선을 굽고, 고기를 볶고, 찌개를 끓이고 온갖 반찬을 해서 들이밀며 반드시 밥을 다 먹고 가라고 했습니다. 마음속으로는 지금 남편에게 이 음식이 부담스러울 수도 있겠다 싶지만 자신이 남편의 건강을 염려해서 얼마나 정성껏 음식을 만들었는지 남편이 알아주고, 이 음식

을 먹고 빨리 숙취에서 깨어나면 얼마나 보람 있겠나 하는 생각
이 들면 남편을 구슬리고 윽박질러서라도 먹이게 된다는 것이었
습니다.

남편의 옷은 속옷부터 겨울 외투까지 당연히 자신이 골라서
사는 것이고, 그날그날 입고 갈 옷을 정하는 것은 물론 남편이
읽을 책을 골라 가방에 넣어주는 것도 그녀의 몫이었습니다. 그
런데도 남편은 고마워하지 않았습니다. 그것이 처음에는 섭섭하
다가 나중에는 화가 치밀어 남편이 미워진 지도 오래되었다고 했
습니다. 이 짓을 그만두면 남편이 아내의 빈자리를 느끼고 고마
워하려나, 하는 생각을 했다가도 이렇게 하지 않으면 자신이 불
안해서 계속하게 된다는 것입니다.

남편에게 그처럼 세심한 '배려'를 하면서 보상을 바라는 것은
없는지 물어보았습니다. 그러자 그녀는 펄쩍 뛰며 어떻게 밖에서
고생하는 남편을 챙기면서 보상을 바라느냐고 완강히 부인했습
니다. 그러면서 인숙 씨는 이렇게 말했습니다.

"결혼하면서 제법 인정받던 직장까지 그만두고 전업주부가 되
었을 때는 현모양처가 되는 것 말고 무슨 다른 길이 있었겠어요.
오로지 남편과 아이들을 잘 챙기고 돌보는 것이 가장 큰 역할이
라고 생각하는데 거기에 무슨 보상이 필요하겠어요."

인숙 씨의 말에는 그녀의 마음을 읽어낼 수 있는 여러 가지 단

서가 담겨 있습니다. '현모양처 외에는 다른 길이 없다', '이것이 가장 큰 역할이다', '보상은 필요 없다.' 현모가 되기 위해서는 아이들이 필요하고 양처가 되기 위해서는 남편이 필요하다, 즉 그 역할을 하기 위해서는 반드시 타인이 필요하다, 그 역할을 수행하게 해준 남편과 아이에게는 보상을 요구하지 않는다, 이것이 그녀의 논리입니다.

자기에게 어떤 역할을 맡게 해준 사람에게 감사할지언정 보상을 요구할 수는 없다니. 영화나 드라마의 주인공이라면 가능하겠지만, 저 힘든 일을 보상도 없이 평생 할 수 있게 하는 어떤 욕망이 있을 것은 분명합니다. 저는 다시 물었습니다.

"그래요, 보상은 필요 없다 할지라도 그나마 남편이나 아이들에게서 듣고 싶은 어떤 작은 반응 같은 것이라도 없을까요?"

"당신 없으면 아무것도 안 돼, 엄마 없으면 난 죽은 목숨이라니까, 이런 얘기를 들을 때가 가장 행복해요. 이런 말 하는 게 그리 어려운 건 아니잖아요. 사실 또 그만큼 제가 해왔잖아요. 내가 없으면 남편은 아무것도 안 돼, 엄마 없으면 내 아이들은 하루도 못 버텨, 이런 게 확인되는 말을 들으면 정말 사는 보람을 느껴요."

"그렇다면 이런 얘기는 어떻게 들릴지 모르겠네요. 만약 아이가 '이제 엄마가 돌봐줄 필요 없어요. 내 일은 내가 알아서 할 테니 엄마는 내 일에 관여하지 마세요'라고 하면 어떠시겠어요?"

그러자 인숙 씨는 이내 얼굴 가득 분노를 머금었습니다.

"그게 바로 지금 아들이 내게 하는 짓이에요. 내 간섭, 아니 내가 걱정하는 것까지 진절머리를 내더니 이젠 콧방귀도 안 뀌어요. 뭐라고 해도 들은 척 만 척, 내가 미쳐 날뛰면서 화를 내도 그 자식은 귀에 헤드폰 꽂고 음악 듣거나 컴퓨터 게임을 해요. 헤드폰을 벗겨 던져버리고 소리치면 얼굴 한 번 마주치지도 않고 한마디 말도 없이 나가버려요. 그러면 아이가 돌아올 때까지 나는 너무 비참하고 불안해서 미칠 지경이 돼요."

"그럴 때 아이를 발가벗겨 집에 묶어두고 사육하듯이 키우고 싶다는 상상이 드시겠네요?"

"네."

대답하는 그녀는 흥분한 마음을 진정시키려 노력했지만 연신 손을 부들부들 떨며 쉽사리 분노를 통제하지 못했습니다. 우선은 흥분을 가라앉힐 필요가 있어 보였습니다. 이 상태가 생활에서 지속된다면 분노에 따른 신체적 손상도 있을까 염려됐습니다. 건강에 대해 물어보니 아니나 다를까, 소화기 계통의 이상과 혈압이 매우 조심해야 할 단계라고 했습니다.

몸을 상하게 할 정도의 분노라면 단순히 아들이 말 안 듣는 것만이 원인은 아닐 듯싶었습니다. 아내로서, 엄마로서 자신의 역할이 인숙 씨에게는 어떤 의미가 있는지 알아봐야 할 것 같았습니다. 사실 답은 거의 다 나온 셈이지만, 제가 아닌 인숙 씨 마음에서 그것을 분명하게 인식하고 납득해야 했습니다.

"가정을 제외하고, 자신이 존재한다는 것을 어떻게 확인하세요?"

"네? 무슨 말씀이세요?"

"엄마의 역할, 아내의 역할을 주로 많이 하시잖아요. 그 역할을 통해 '내가 없으면 우리 가족 세 명은 죽은 목숨이나 다름없을 정도로 내 존재는 가장 중요해'라는 확인을 하고 싶으시죠."

"사실 내가 없다고 우리 가족이 아무것도 못 할까요? 한 번은 피치 못할 사정이 있어서 이틀간 지방을 다녀와야 했어요. 여행하는 내내 마음은 완전히 집에 가 있었어요. 지금쯤이면 뭘 해야 할 텐데, 뭘 챙겨줘야 할 텐데, 밥은 잘 먹고 있는지, 옷은 갈아입었는지, 내가 생각해도 좀 심하다 싶을 정도로 걱정을 했어요. 그리고 집에 돌아가면서 이런 생각을 했어요. 집은 엉망이 되어 있고 가족들은 나만 기다리고 있다가 내가 들어가면 미친 듯이 반기면서 좋아할 거야. 그러면 나는 '거 봐, 나 없으면 아무것도 안 되지?' 하면서 집 안 곳곳에 어질러진 것을 치우면서 잔소리를 늘어놓고는 후다닥 맛있는 밥상을 차려서 같이 흐뭇하게 먹는 상상이요. 그런데 집에 들어갔더니, 정말 너무 멀쩡한 거예요. 모든 것이 제자리고, 가족들은 평안한 얼굴로 '어, 이제 왔어?' 하고 다

들 너무 잘 있는 거죠. 그때 얼마나 실망했는지 몰라요. 내가 없어도 잘 살 수 있다는 것이 너무 실망스러운 거예요."

상담이 몇 차례 이어지면서 그녀도 자신이 왜 그렇게 자녀와 남편에게 집착하는지 알아차리기 시작했습니다. 말하자면 인숙 씨는 누군가에게 '치명적인' 존재가 되고 싶었던 것입니다. 이런 사람들은 '내가 없으면 절대 안 되는 사람들'이 있어야 자기 존재를 확인받는 느낌이 듭니다. 시쳇말로 '미친 존재감'을 원하는 것이죠.

사실 강도의 차이가 조금 있을 뿐, 인숙 씨만이 아니라 우리 모두는 자신이 누군가에게 치명적으로 중요한 사람이 되기를 원하지 않나요? 인간은 누구나 자기 존재가 확인되는 경험을 지속적으로 하고 싶어 합니다. 이런 경험을 하려면 내 존재를 확인해줄 상대가 있어야겠죠. 부모님이거나 선생님이거나 권위를 가진 중요한 타인들이 그 역할을 맡는 경우가 많습니다. 아니면 아주 친밀하고 가까운 관계를 맺는 상대, 예컨대 연인이나 친한 친구나 직장동료들에게서 존재를 확인받고 싶어 하죠.

그런데 타인이 동원(?)되는 만큼, 존재의 확인이 공짜로 되는 것은 아닙니다. 내가 그에게 필요한 무언가를 해야 합니다. 그의 마음에 드는 행동을 억지로라도 해야 합니다. 누군가와 가까워진다는 것은 그만큼 나를 상대방의 마음속에 밀어 넣는다는 뜻이죠. 타인의 마음속에 내가 크게 자리 잡을수록 나의 존재가 확인되는 경험을 더 많이 할 수 있습니다. 이것이 우리가 자기존재감을 확인하고 타인을 확인해주는 가장 흔한 방식입니다. 나를 잊지 않고 찾아준 옛날 동료나 선후배에게 감사하고, 나를 챙겨주시는 교수님에게 감사하고, 내 생일에 잊지 않고 전화라도 한 통 해주는 친구에게 고마워하는 것은, 그들 마음속에 내가 존재하고 있음을 확인했기 때문입니다.

어느 지인이 제게 조언을 구한 적이 있습니다. 본인이 참여하는 종교단체 모임에 나오는 여성 한 분이 자꾸 거슬린다는 겁니다. 어떤 식인가 하면, 겨울에 팔토시를 몇 개 가지고 와서는 이게 얼마나 따뜻하고 편리한지 모른다면서 꼭 하고 다니라고 강요하다시피 한답니다. 괜찮다고 거절할라치면 따뜻하고 좋은 것도 몰라보는 바보 같은 사람이라는 투로 은근히 놀리고, 기어이 하게끔 만든다는 거죠. 정장을 입고 팔토시 하는 것이 보기에 안 좋다고 해도 "나만 따뜻하면 되지 그게 무슨 상관이냐"며 "남의 눈을 그렇게 의식하는지 몰랐네"라고 무시하듯 말한다는 겁니다. 그러다 누군가 팔토시를 해보고 따뜻하다고 인사라도 하면 기고만장해서 자신의 안목과 배려를 자화자찬하느라 입에 침이 마른다고 합니다. 이런 식으로 그 여성은 모임의 대소사에 항상 자기 방식을 관철시키려 들고, 뜻대로 되지 않으면 다른 사람들을 비난하기 일쑤라고 합니다. 물론 자기 말을 들어서 일이 잘되기라도 하면 그 공치사를 몇 달은 들어줘야 하고요.

　현모양처를 꿈꾸는 인숙 씨나 방금 얘기한 이 여성이 보이는 모습은 다를지 몰라도 내면의 원인은 같아 보입니다. 바로 '불안' 때문입니다. 어떤 불안일까요? 행여 자신이 영향력 없는 사람이 될까 봐 불안한 것입니다. 그래서 끊임없이 타인에게 자신의 영향력을 행사하려 하죠. 그 이유는 이미 말했듯이 영향력을 행사해야 자기 존재가 확인되기 때문입니다. 그렇지 않으면 자기 존재를 확인할 방법이 없다고 생각합니다.

　자기 존재가 확인되지 못할 때 인간은 흔히 불안을 느끼는 것 같습니다. 그래서 불안에 빠지지 않기 위해 이들처럼 타인을 볼모로 계속 자기 존재를 확인하려 듭니다. 홀로 남겨지는 것이 두려울수록 자신의 힘만으로 자신을 확인하려는 엄두를 못 내는 것은 어찌 보면 당연하겠죠. 그런 시도조차 해보지 않고서, 불안이 자기 주변을 배회하는 것만으로도 겁이 나서 어쩔 줄 모르는 것입니다. 가족이 자신의 존재가치를 자신이 원하는 방식으로 확인시켜주지 않는다고 분노하고 좌절하는 인숙 씨처럼요. 이런 행위가 더 큰 고통을 낳고 있음에도 본인은 그걸 멈추지 못합니다.

그 방식을 포기하면 어떻게 자기 존재를 확인할 수 있는지 한 번도 생각해보지 않았기 때문입니다.

상담이 진행되면서 인숙 씨는 가족들이 자신에게 의탁한 것이 아니라, 사실 자신이 남편과 아들에게 얼마나 깊이 삶을 의탁해왔는지 깨달아갔습니다. 결국 그녀가 정말 힘들어했던 것은 남편과 아이가 자기 말을 듣지 않는 것이 아니라 자기 존재를 확인해주지 않는 것이고, 그것 때문에 분노한다는 것도 받아들이게 되었습니다.

인숙 씨가 남편의 옷과 책과 건강 챙기는 것을 포기하고, 아이의 귀가와 학업에 신경 끄는 것이 문제해결의 핵심이 아님은 분명합니다. 중요한 것은 이런 행위를 통해 자기 존재를 확인하려한 그녀의 슬픈 의도를 포기하는 일입니다. 타인을 통하지 않고 스스로 자기 존재를 확인할 방법을 찾아야 합니다.

저는 인숙 씨에게 혼자 있기를 두려워하지 말라고 조언했습니다. 가족을 위해 가사 일을 하고, 건강을 챙기고 일상을 가꾸는 것이 엄마의 영향력을 행사하려는 행위가 아니어야 함을 스스로에게 약속해야 한다고 했습니다. 가족들의 마음에 자신이 들어있다는 것을 확인해야만 불안을 떨칠 수 있던 삶을 이제 포기해야 한다고 조언했습니다. 상담이 계속되면서 그녀도 그 사실을 깊이 동의하고 받아들이게 되었습니다. 이제부터 온전히 혼자 있는 시간을 통해 온전한 자기 자신을 만나보겠다고도 했습니다.

그녀는 정말 쉽지 않은 선택을 했습니다. 하지만 지난 20여 년간 불안 때문에 겪었던 고통과는 다른 차원의 경험을 하게 될 겁니다. 인정받는 커리어우먼이라는 사회적 존재감을 포기하고 가정에 모든 것을 다 던진 뒤, 모든 존재감의 보상을 가족을 통해 얻으려 했던 어리석은 음모를 포기하는 겁니다.

인숙 씨의 사례를 통해 우리는 이 점도 생각해보아야 합니다. 자기 행위에 대한 보상을 원하지 않는 사람을 가리켜 선한 사람이라고 흔히 말합니다만, 저는 거기에 동의하지 못할 때가 있습니다. '선하다'는 허울 좋은 이름표를 붙여놓고 타인을 계속 희생시키려는 음모가 있을 때도 많기 때문입니다.

차라리 '나는 진정으로 내 행위를 보상받기 원했어'라고 욕망을 드러내는 것이 더 건강할 수 있습니다. 자신이 차린 밥을 항상 투덜거리며 받아먹고, 인상을 찌푸리며 정해준 옷을 입고 나가는 가족들을 보며 '내가 이렇게라도 하지 않으면 아무것도 안 될 거야'라고 자위하지 말고, '내게 고맙다고 표현하라'고 당당하게 요구할 수 있어야 합니다. 정당한 행위를 하는 사람에게는 요구할 권리가 있고, 타인의 행위로 이득을 얻은 사람은 그것에 감사해야 합니다. 희생을 통해 자기 존재를 확인받으려는 의도를 깨끗이 포기한다면 가족들도 그 진심을 느끼게 될 것입니다. 인숙 씨를 포함해 우리 모두는 자기 삶의 미래를 스스로 선택하지만, 과거의 의도를 정확하게 이해하지 못하면 그 선택도 잘못된 것일 가능성이 큽니다.

'지금 내 삶은, 내 존재는 누구를 통해 인정받으려 하고 있는가?'

항상 놓치지 말아야 할 질문입니다. 내가 누구에게 의존하고 있는지 알아내는 방법이 없냐고요? 아주 간단합니다. 다음의 질문을 던져보면 됩니다.

'나는 누구에게 가장 영향력을 행사하고 싶은가?'
'나는 누구에게 가장 많이 요구하고 있는가?'

짧게, 누구나 다 아는 비밀 한 가지를 알려드릴까요. 슬픈 얘기입니다만, 타인은 내가 요구하는 것을 결코 쉽게 주지 않습니다. 그래야 요구하는 그 사람을 통제할 수 있으니까요. 통제란 달라고 하는 바로 그것을 주지 않을 때 한결 손쉬워집니다. 그 사람에게 받고자 했던 그것을 포기해보세요. 그제야 그 사람은 당신이 원했던 것을 주려 할 겁니다.

그들의
카리스마 뒤에
있는 것

미국의 한 연구소에서 미국 내 CEO들을 대상으로 성격과 관련된 연구를 진행한 적이 있는데, 결과가 자못 흥미로웠습니다. 연구 대상자의 3분의 2가 넘는 CEO들이 자기애적 성격장애 성향을 보였고 그중 상당수는 정신장애 mental disorder 로 분류될 만큼 병리적이었다고 합니다.

고대 신화에 등장하는 나르시스는 아시다시피 연못에 비친 자신의 미모에 반해 식음을 전폐하고 자기 얼굴만 바라보다 물에 빠져 죽은 자뻑종결자(?)입니다. 병리적 수준의 자기애를 나르시스의 이름을 따서 '나르시시스틱 성격장애 Narcissistic personality disorder'라 부릅니다.

심리학에서 분류하는 성격장애는 현재 10가지 종류가 있습니다. 인간은 자신만의 독특한 성격이 있고, 누구나 대체로 10가지 성격장애 중 적어도 한두 가지는 자신의 성격과 유사성이 있다고 합니다. 그렇다고 해서 세상 사람들 모두 성격장애라는 말은 아니고요, 한 개인의 행위가 자신과 타인의 보편적 삶에 지속적으로 피해를 끼칠 때만 성격장애로 진단합니다. 그렇지 않은 일반인들은 자신의 성격을 분석해 어떤 유형에 좀 더 근접한지 가늠해서 보완할 수 있겠죠. 사실 성격장애로까지 분류되려면 자신이나 타인의 삶에 상당한 수준의 불편함을 초래해야 하기에 실제 장애로 분류되는 사람은 흔하지 않습니다.

그런데 CEO들의 60% 이상이 10가지 성격장애 분류 중 유독 자기애적 성격성향과 그 장애에 가깝다는 것은 꽤 흥미로운 사실입니다. 대표적으로는 2018년 현재 미국 대통령인 도널드 트럼프가 이에 해당한다고 미국의 많은 정신의학자들과 심리학자들이 주장합니다. 물론 훌륭한 인품을 가진 CEO도 많습니다만, 이쯤에서 자기애적 성격성향의 특징은 무엇인지 궁금해집니다. 잠깐 설명하고 넘어가겠습니다.

자기애적 성격성향을 가진 사람들의 특징은 세상에서 자기가 가장 올바르고 똑똑하다고 믿는다는 겁니다. 그래서 자기 말을 듣지 않는 사람을 싫어합니다. 문제가 발생하면 자기는 잘했는데 다른 사람들 때문에 일이 어그러졌다고 말합니다. 그들에게서 책임지고 성찰하는 태도를 기대하기란 여간 어렵지 않습니다.

더 큰 문제는 이런 사람들이 사회적으로 성공할 확률이 상당히 높다는 것입니다. 자기가 옳다는 확신이 병적으로 강해서 굉장히 저돌적이기 때문입니다. 그리고 잘못을 타인에게 교묘하게 돌리는 능력도 있고, 권력관계에도 매우 감각적입니다. 이러니 성공 못할 리가 없겠죠.

저도 개인적으로 이런 사람들 때문에 직간접적으로 성가신 경험을 할 때가 있습니다. 간접적인 경험이란 자기애적 성격성향을 가진 사람을 상사나 지도교수로 모시는 직장인과 학생들이 힘들다고 제게 하소연을 해올 때입니다.

개인적으로 알고 지내던 학생이 지도교수 때문에 겪은 일을 들려준 적이 있습니다. 지도교수가 논문이나 연구 활동, 학교 수업과 직접적인 관련이 없는 일에 학생들을 동원해서 보상도 거의 없이 착취하듯 일을 시킨다는 것입니다. 한국의 대학에서 지도교수는 학생에 대해 생사여탈권을 쥐고 있다고 할 수 있죠. 특히 학위를 마치려면 논문통과라는 중요한 관문이 있고, 여기에 지도교수의 영향력은 거의 절대적입니다. 그러니 감히 누가 지도교수를 거역하겠습니까.

제게 와서 하소연한 그 학생 처지도 딱했습니다. 교수가 개인적인 일이나 허드렛일 등 학업과 별반 상관없는 일을 막노동 수준으로 시키면서 밥 한 끼 사지 않는다고 했습니다. 밥은 고사하고 따뜻한 위로나 감사는커녕, 실수한 것에 대해 질책만 하기 일쑤라고 했습니다. 그렇다고 학생 입장에서 교수에게 대들고 바른말하는 것은 상상도 못할 일이라 그저 참고만 있는데, 점점 버티기 힘들다고 했습니다. 교수는 이게 다 너희를 위해 시키는 일이라고 하지만, 학생들이 바보인가요? 사실은 교수 자신만을 위한 일이라는 것은 조금만 겪어보면 다 알게 되죠.

그 학생이 가장 힘들어하는 것은 무엇보다 존중받지 못한다는 느낌이었습니다. 자기애적 성격성향을 가진 사람들은 자기가 가장 잘났기 때문에 다른 사람의 의견은 무시하거나 폄하하기 일쑤입니다.

자기애적 성격성향의 또 다른 특징 중 하나는 굉장히 꼼꼼하다는 것입니다. 그 꼼꼼함이 일반 말단직원이 챙겨야 할 일에도 관여하는 수준이라 실수 하나를 꼬투리 잡아 불같이 화를 내고 천하의 죄인 취급을 합니다. 그 학생은 작은 실수를 몇 번 저지른 다른 학생 면전에 대고 "죽여도 시원치 않다"고 말하는 교수를 보는 것이 이제는 정말 힘들다고 했습니다.

게다가 이건 좀 치사한 얘기입니다만, 그런 사람들은 심하다 싶을 정도로 다른 이들에게 물질적으로 베풀지 않습니다. 어떤 핑계를 대서라도 상대방에게 밥을 사게 하거나 자신의 작은 도움을 엄청 부풀려 공치사를 하며 기어코 사례하게 합니다. 열 번 얻어먹으면 한 번 살까 말까죠. 그런데 자신을 위해서는 돈을 물 쓰듯 하고 이를 자랑하듯 떠벌립니다. 누가 이런 사람을 좋아하겠습니까?

그런데 신기하게도 이런 사람은 항상 주변에 많은 사람을 둡니다. 자기애적 성향이 있는 사람들은 혼자 있는 것을 못 견디거든요. 그들은 여러 사람과 함께 있어야 불안하지 않습니다.

사회적으로 성공한 사람들 중에서 이런 특징을 가진 사람을 찾기란 그리 어렵지 않습니다. 과연 이들은 성공했기 때문에 자기가 옳다고 주장하는 것일까요, 아니면 옳기 때문에 성공하는 것일까요? 아마 전자에 좀 더 가깝겠지만 정답은 아닙니다. 정확히 말하자면, 자기가 옳다는 것을 증명하기 위해 사회적 성공을 이루려 한다는 것이 맞습니다. 성공을 위한 자기 동력이 이들만큼 강한 사람은 찾기 어렵습니다.

이들은 물불을 가리지 않고 권력에 접근하고 권력을 얻어냅니다. 이들이 더 센 사람, 권력자에게 굴종하는 것도 이상할 것 없죠. 그만큼 자기보다 약한 사람에게는 혹독한 독재자의 면모를 드러내기를 서슴지 않습니다. 이들에게 공감이나 배려, 약자에 대한 보호 같은 것은 기대하지 않는 편이 좋습니다. 이들에게는 공감도 시혜를 베푸는 행위일 뿐입니다.

이들의 심리적 기제를 한마디로 정의하면 "I am OK, you are not OK"입니다. (하지만 아주 깊은 내면에는 'I am ugly'라는 믿음이 숨어 있습니다.) 자기가 가장 잘났고, 모든 것을 다 안다고 말합니다. 겸손하게 구는 것도 겸손하기까지 하다는 것을 보여주기 위해서일 뿐인데, 그러면서 본인이 굉장히 도덕적이고 윤리적이며 대의를 위해 산다는 것을 틈만 나면 강조하죠. 하지만 몇 번만 유심히 관찰해보면 그 대의라는 것이 모두 자신의 이기적인 이득으로 귀결된다는 것을 알아챌 수 있습니다.

저도 살면서 이런 사람들을 여럿 맞닥뜨렸는데요, 다행히 지금은 더 이상 그들과 교류하지 않습니다. 제가 알았던 그들은 모두 사회적으로 선망받는 직업을 가지고 있거나 자기 단체를 가지고 있고, 혹은 자기 분야에서 나름대로 대중적 명성을 얻은 사람들이었습니다. 그들의 공통적인 특징은 끊임없이 자기가 필요하다고 생각되는 사람들을 물색하고 자기 곁에 두려고 노력한다는 것이었습니다. 그 필요성이 높을수록 집착하는 강도도 대단해서, 요청받는 입장에서는 여간해서 뿌리치기 어렵습니다. 좋은 자리를 주겠다, 이득을 주겠다며 온갖 당근을 내놓기도 하고 읍소하기도 합니다. 그러니 미안해서라도 부탁을 들어줄 수밖에요. 그런데 일을 같이 하다 보면 여지없이 대의와 명분은 사라지고 가장 이기적인 의도가 드러나면서 상대를 질색하게 만들고, 좋은 의도로 일을 돕던 사람들도 어느새 자신이 이용당한다는 느낌을 받게 됩니다.

저도 처음에는 그들의 애절한, 끈질긴 요청에 마음을 내주고 몇 번 일을 함께하기도 했습니다. 그러는 과정에서 제 직업적 특성 때문인지 그들은 자기 이야기를 종종 털어놓았고, 몇 번 그런 일이 반복되자 신뢰가 쌓였는지 속마음을 굉장히 솔직하게 꺼내놓곤 했습니다.

그들과 관계를 맺은 것이 개인적으로는 고통스러웠으나, 전문가로서는 다행인 경험이었습니다. 곁에서 지켜보면서 그들의 심리적 기제를 더 정확하게 알게 되었기 때문이죠. 그러면서 발견한 그들의 공통점이 또 하나 있습니다. 바로 '깊은 불안'입니다.

그들의 마음속 깊은 곳에는 하나같이 매우 강력한 불안이 도사리고 있었습니다. 그들은 왜 불안할까요? 사실은 자신이 약하고 형편없는 인간이라는 것이 밝혀질까 봐 두려워서입니다. 자기 속마음과 밑천이 다 드러나서 초라한 본모습이 알려지는 것을 가장 두려워했습니다.

실은 자신이 형편없다는 것을 누구보다도 잘 알고 있는 것이죠. 하지만 그것을 인정하기 싫어서 불안의 크기만큼 필사적인 노력으로 돈과 권력을 그러모아 자신을 치장하고 방어하고, 어떻게든 잘나 보이려고 애를 쓰죠. 상황이 자기 뜻대로 되지 않으면 심지어 죽음을 생각할 정도로 불안하고 우울해합니다.

이런 그들이 진정으로 자기를 사랑한다고 할 수 있을까요? 오히려 이들은 자기를 사랑할 수 없는 고통과 불안에서 벗어나기 위해 타인을 제물로 삼는다고 말하는 것이 더 맞습니다. 이들의 속마음을 알게 되면서 이들에게 '자기애적'이라는 병리적 명칭은 적당하지 않다는 생각이 들었습니다. 자기애적이 아니라 오히려 '사랑할 수 없는 자신으로부터 벗어나기 위해 몸부림치는 사람'이라 해야 할 것 같습니다.

자기 안의 결핍을 마주할 용기도 없고, 자신을 깎아내리는 부정적 생각으로 가득 찬 텅 빈 내면을 들여다볼 자신도 없습니다. 실제 자신과 전혀 다른 '이상적인 자기'를 허상으로 삼아 그것을 자신으로 착각하고 거기에 부합하려고 안간힘을 쓰는 것이죠. 겉으로는 누구보다 강하고 카리스마 넘치는 사람이지만, 사실 그 마음 깊은 곳에는 나약하게 떨고 있는 '지질한' 자신이 도사리고 있다는 사실을, 밖에서 보는 타인들은 믿기 어려울 겁니다.

곁에서 지켜본 바로는, 그들은 겉으로 과시하는 지적 능력보다 훨씬 떨어지는 사유 능력을 갖고 있었습니다. 알고 있다고 말하는 지식의 양보다 훨씬 얕은 지식으로 떠벌립니다. 자신이 대단히 다양하고 깊은 경험을 했다고 말하지만 가만히 들어보면 대부분 간접경험이거나 허구인 경우도 많고요.

그들이 가장 관심을 두는 것은 자신이 얼마나 많은, 큰 영향력을 가지고 있는지 확인하는 일입니다. 돈과 권력에 집착하는 것도 자신의 영향력을 확인하고 그것을 확장하기 위해 필요하다고 믿기 때문이죠. 그들은 돈과 권력이 자신을 지켜줄 것이라 믿고, 그것들을 떡고물처럼 조금씩 나눠주면서 사람들을 붙잡아두려 합니다.

이들의 주변 사람들은 그를 좋아한다기보다는, 거짓된 카리스마에 현혹되거나 자신을 온전히 의탁할 곳을 찾아 헤매는 심약한 성격을 지닌 이들이었습니다. 물론 자신의 욕망을 채우기 위해 그를 이용하려는 사람들도 많았습니다.

자기애적 성격성향이 강한 사람의 또 다른 중요한 특징은 자신이 특별대우를 받아야 한다고 생각한다는 것입니다. 어디를 가든 특별한 대접을 받지 못하면 불같이 화를 냅니다. 자신이 대단한 사람과 교류하고 있는데 심지어 그들로부터도 특별대접을 받는다고 말합니다. 하지만 짐작하다시피, 그것은 허세이거나 과장일 경우가 많습니다.

앞에서 그들의 마음 깊은 곳에는 불안이 도사리고 있다고 했는데요, 그것만큼이나 강력한 또 하나의 핵심적인 두려움이 있습니다. 그들이 가장 두려워하는 것은 '죽음'이었습니다.

제가 한동안 알고 지내던 종교인은 죽음에 처한 이들을 돌보는 일을 하고 있었고, 처음 만났을 때 이미 그 분야에서 상당한 신망을 얻고 있었습니다. 저는 그분의 간곡한 요청으로 어떤 일을 함께 진행한 적이 있는데, 일 때문에 미팅을 하러 가면 본인 이야기를 하느라 시간을 다 허비하고, 정작 일 얘기는 30분도 못 할 때가 많았습니다. 대화를 나눌수록 자기애적 행동이 확연히 보였습니다. 어떻게 종교인마저 이렇게 자기애적 성향을 극복할 수 없었을까, 그 이유가 궁금해서 몇 번쯤 '분석가적'인 질문을 던지기도 했습니다.

그러던 어느 날, 그분이 유난히 우울해 보였습니다. 하는 일들이 뜻대로 되지 않고, 자기를 욕하는 사람들이 많다는 말도 들었다는 것입니다. 참고로 재미있는 얘기를 하나 하자면, 자기애적 성격성향이 심한 사람들일수록 누가 자기를 욕하면 그것을 모두 자신에 대한 시기와 질투로 치부해버립니다. 자신이 너무 잘났기 때문에 사람들이 질투해서 험담하고 돌아다닌다고 굳게 믿으려 합니다. 물론 그 심정이 이해는 갑니다. 그렇게라도 생각하지 않으면 너무 불안하고 화가 나서 견딜 수 없을 테니까요.

그날 유난히 우울해 보이는 그를 좀 위로해줘야겠다는 생각에 공감도 해주고 몇 가지 질문도 하다가, 그 성직자로부터 충격적인 얘기를 들었습니다. 두려움에 대한 대화를 하다가 제가 "무엇이 가장 두려우세요?"라고 물었습니다. 그런데 놀랍게도 그분은 이렇게 말했습니다.

"이 선생, 나는 죽는 게 제일 두려워. 그 생각만 하면 잠을 못 이룰 정도로 두려워."

그 순간 그는 어느 때보다 가장 솔직한 말을 했다고 생각합니다만, 제게는 충격이었습니다. 그가 죽음과 관련된 사회봉사조직을 만들어 운영하는 사람이고 유명한 종교인이기 때문이기도 했지만, 평소 그가 보여온 호연지기의 태도나 자신의 부와 명성을 호기롭게 자랑하면서도 한편으로는 그것에 집착이 없던 호방한 모습과는 너무나 대조적이었기 때문입니다.

"죽음을 자주 접하다 보니 죽음이라는 사건의 영향과 본질이 두려운 것입니까?"라고 재차 물었지만 그것이 아니었습니다. 자신은 죽음이 가장 두렵고, 아파서 움직이지도 못한 채 오랫동안 고통스럽고 무기력하게 병마와 싸우며 죽음을 기다리는 것은 더 두렵다고 했습니다. 앞에서 얘기한 그 교수라는 사람도 자신이 돈을 버는 가장 큰 이유는 노후를 대비하기 위해서라고 했습니다. 그 교수 역시 늙고 병들어 움직이지 못하는 처지가 되면 못 견딜 것이라는 말을 여러 번 걱정스럽게 털어놓은 적이 있었답니다.

저도 다른 사람들과 마찬가지로 죽음이 무섭고, 늙고 병들어 신체적 능력을 상실한다는 것이 두렵습니다. 그런 두려움과 공포 때문에 마음의 안정을 잃기도 하고, 엄습하는 불안 때문에 고통스럽기도 합니다. 그러나 자기애적 성격성향이 있는 사람들은 여기에 더해, 자신이 병들고 죽으면 이 세상에 아무런 영향력을 행사할 수 없다는 데 좌절하곤 합니다.

이들에게 살아 있다는 것, 그리고 그것을 확인하는 것은 주변을 통제하고 영향력을 행사함으로써 가능합니다. 그것을 통해서만 자신이 죽지 않았음을 확인할 수 있습니다. 주변 사람들에게 잊히거나 아무것도 아닌 쓸모없는 존재가 되는 것이 이들의 가장 깊은 두려움입니다. 그래서 병드는 것, 돈 없는 것, 늙는 것, 죽는 것에 극도의 공포를 드러내는 것이겠죠. 모든 현명한 이들은 물러나야 할 때를 알고, 죽음을 받아들일 때 비로소 성숙한 사람이 된다고 조언하지 않습니까? 하지만 이들은 노욕을 부리고 끊임없이 자기 존재와 영향력을 확인하고 싶어 합니다.

이들이 죽도록 열심히 일하는 것도, 언제나 몇 명씩 몰고 다니면서 시중을 들거나 찬양하게 하는 것도, 절대로 혼자 있지 못하는 것도, 사실은 일에라도 빠져서 자신을 잊을 수 있어야 하고, 주변에 사람이 없으면 불안해서 견딜 수 없기 때문입니다. 그런 의미에서 그들은 '일 중독자'가 아니라 '불안 중독자'이며 심각한 '죽음 공포증' 환자입니다.

이제 다시 우리 자신에게로 돌아옵시다. 지금껏 이야기한 자기 애적 성격성향이 강한 사람들의 태도를 보면서 우리 모습의 어느 한 부분을 발견하게 되지는 않았습니까? 그들은 자신의 불안을 통제하지 못해서 그것을 극명하게 드러냈고, 그래서 병리적이라 부르는 것일 뿐입니다. 어쩌면 우리는 그들보다 자기애적 성향을 더 교묘하게 숨긴 채 다른 방식으로 드러내고 있는지도 모릅니 다. 그러니 자기애 성향이 있다는 것만으로 그들을 매도할 일은 아닙니다. 정말로 중요한 것은 우리가 이것을 어떻게 극복할 수 있을까 하는 것이죠.

우리에게는 누구나 타인에게 영향력을 행사하려는 욕망이 있 습니다. 이 욕망은 본질적으로 자기애적 성격성향을 가진 사람들 과 전혀 다르지 않습니다. 인간은 누구나 타인을 통제할 힘이 자 신에게 있음을 확인하고 싶기 때문입니다. 저 역시 권력을 가지 고 휘두르고 싶고, 병들어 추한 모습으로 늙어가는 것이 두렵습 니다. 우리가 자기애적 성격장애를 가진 사람들과 다른 점이 있 다면 오직 그 불안과 비례하는 욕망이 덜 뜨겁거나, 또는 크지 않다는 것뿐입니다.

그렇다면 우리의 자기애적 성향이 '장애'로까지 악화되지 않으려면 어떻게 해야 할까요?

불안과 두려움, 영향력을 갖고자 하는 욕망의 악순환과 고통을 길들이는 방법은 복잡하지 않습니다. 자기 불안 속으로 들어가 보는 것입니다. 처음에는 어렵겠지만 자신이 느끼는 불안을 가능한 한 의식적으로 자꾸 접촉해보는 겁니다. 그 불안이 무엇을 명령하고 방어하는지 자꾸 느끼고 깨달아야 합니다.

자기애적 성격성향을 가진 사람들은 혼자 있게 되면 불안해지기 때문에 사람들을 그러모아야 하고, 그러기 위해서는 주변에 나눠줄 작은 떡고물을 계속 만들어내야 합니다. 그러느라 몸이 병듭니다. 자기애적 성향이 강할수록 건강을 해칠 만큼 일하는 사람들이 많습니다. 그러다 보니 병들어 움직이지 못해서 아무런 영향력도 행사할 수 없게 되는 자기 모습이 자꾸 상상되고, 그럴수록 더 권력과 돈에 절박하게 매달리는 악순환이 계속됩니다. 그들은 그 불안을 직시하려 하지 않습니다. 오히려 자신의 불안과 접촉하게 될까 봐 두려워합니다.

이제 불안의 핵심과 접촉하는 방법을 제안해보겠습니다. 먼저 자신이 상상할 수 있는 가장 불안한 상황을 떠올려봅니다. 그것을 이미지로 만들어서 그 속에 있는 자신을 상상해보세요. 아마 처음에는 공포감이 엄습해올 수도 있습니다.

저는 한동안 가끔씩 밤에 까무룩 잠이 들 것 같은 상황에서 이것이 죽음으로 들어가는 느낌과 같을지도 모른다는 가정을 해본 적이 있습니다. 처음에는 그 상황이 얼마나 두려운지 생각만으로도 잠이 번쩍 깨버렸습니다. 그럼에도 반복해서 상상해보았습니다. 흑백 또는 색채를 지닌 수많은 점들로 뭉친 오로라 느낌의 이미지들이 군무를 추면서 블랙홀처럼 나를 빨아들이는 착각이 들기도 했습니다. 그 두려움은 죽음을 어렴풋하게나마 느끼게 해주었습니다.

이때 중요한 것은 이런 상황에 대해 떠오르는 내 마음의 감정들과 생각들입니다. 이 연습(?)을 통해 제가 느낀 감정이나 생각들은 지극히 개인적인 것이니 여기서 밝히지 않겠습니다만, 분명한 것은 당신도 이런 이미지 작업을 하다 보면 중요한 자기만의 깨달음을 얻을 수 있다는 것입니다.

다시 한 번 말하지만, 이런 상상 자체가 아니라 이런 작업을 하면서 마음에서 올라오는 생각과 감정들을 만나는 것에 집중하세요. 그 생각과 감정들이 내게 어떤 말을 하려 하는지 감지하고 들어야 합니다. 이는 쉬운 것 같지만 어렵고, 어렵게 느껴질 수도 있지만 또 생각보다는 쉬운 일이기도 합니다.

고통을 피하려다 눈덩이처럼 더 큰 괴로움을 만드느니 차라리 고통의 근원을 만나 대화해보는 것이 더 이상 불행해지지 않는 가장 확실한 방법입니다. 그러니 차라리 고통 속으로 들어가 봅시다. 자기애 성향을 가진 사람이건 그렇지 않은 당신이건, 자기 자신과 직면해야 하는 과제에서 자유로운 사람은 없습니다. 자기애로 똘똘 뭉친 사람도 실은 마음 깊은 곳에 도사린 '진짜 자기'와의 괴리가 너무 커서 격심한 고통을 겪고 있습니다. 그럴수록 외부에 영향력을 행사하며 가짜 자기를 자꾸 확인하려 하지 말고, 내가 두려워하는 것이 무엇인지 들여다보아야 합니다. 나는 왜 불안한가, 나는 정말 타인에게 괜찮은 사람인가, 왜 나는 스스로를 못났다고 생각하나… 이제 나의 역사를 추적해볼 시간입니다. 그렇게 자기를 새롭게 만나는 작업을 시작할 시간입니다.

그들의 욕망에
잡아먹히지 않으려면

앞서 자기애적 성격장애나 성향이 있는 사람들이 일에서 성공할 가능성이 많다고 했죠. 그 말은 즉 그런 상사를 모시고 살아야 하는 직원이 많다는 뜻이기도 합니다.

자기애적 성격성향인 이들은 사회적 성공과 돈벌이에 무지막지한 관심을 가지고 있기 때문에 그 동력으로 밀어붙여 얻어낸 사회적 성과물도 적지 않을 겁니다. 때로는 직책이기도 하고 권력이기도 하고 조직이기도 할 테죠. 이들이 가진 자원과 힘 때문에 자연스레 주변에 사람들이 모입니다. 어떤 수단과 방법을 사용하든 성공만 하면 된다고 여겨지는 사회에서는 뭔가를 가진 사람이 칭송받게 마련이니까요. 그러니 자기애적 성향을 가진 사람은 조직의 권력을 차지할 가능성이 높고, 그만큼 많은 사람들을 거느리게 됩니다.

자기애적 성격성향을 가진 사람들의 주 관심사는 '자기 확장'입니다. 자기 확장이란 간단히 말해 자기 말을 잘 듣는 사람, 즉 자기 분신인 것처럼 일하는 사람을 많이 만들려 한다는 것입니다. 사회생활을 하면서 원하든 원치 않든 이런 사람들과 일하게 된다면 어떻게 대응해야 할까요?

결론부터 말하자면, 이런 상사에게는 절대로 만만하게 보여서는 안 됩니다. 소위 '법 없이도 살 수 있는' 사람은 이들의 타깃이 될 가능성이 높습니다. 좋은 게 좋은 것이 아니에요. 속된 말로 '호구가 진상을 만든다'고 하죠. 오히려 선을 분명히 긋는 사람이 이런 유형과 일하기에 좋습니다.

만만하게 보이지 않는 방법은 여러 가지가 있겠죠. 핵심은, 그 사람보다 더 지독한 면모를 하나만 갖추고 있으면 된다는 것입니다. 그보다 일을 더 열심히 할 자신이 있다면 일 중독자의 면모를 유감없이 과시하면 됩니다. 그런데 이 방법은 권하고 싶지 않군요. 얼마 뒤 당신이 그처럼 되어 있을 테니까요. 그보다 자격증이 더 많든지, 학위가 더 높든지, 리더십이 더 뛰어나든지, 이도저도 안 되면 아예 말을 하지 말고 침묵 모드로 가는 것도 좋은 방법입니다. 그들은 특이하게도 말없는 사람은 잘 건드리지 않거든요. 왜냐하면 그들에게는 자신이 모르는 것에 대한 두려움이 있기 때문입니다.

또 하나, 그가 시킨다고 곧이곧대로 하지 말아야 합니다. 물론 당신이 해야 할 기본 업무는 철저히 잘해놓아야죠. 하지만 업무에서 벗어나는 일을 시키면 윗사람이니까 더러워도 참고 해줘 버릇하지 마세요. 한두 번 해주게 되면 결국 그에게 '볶일 만큼 볶이고 빨릴 만큼 빨리게' 될 겁니다. 나중에는 지쳐서 떡고물이고 뭐고 다 필요 없다며 어떻게든 도망칠 궁리만 하게 되겠죠.

저도 이런 경우를 많이 봤습니다. 그래서 자기애적 성향이 강한 사람의 부탁을 거절할 때에는 '생각해보겠다', '나중에 하겠다'는 식으로 미적지근하게 대응하지 말고 아주 단호하게 거절해야 한다는 걸 깨달았습니다. 만약 당신이 거절의 이유를 대면 그들은 십중팔구, 네가 날 생각하는 마음이 부족해서 그렇다느니, 패기가 없다느니, 생각이 짧다느니 하며 공격할 겁니다. 이런 논리에 말리면 안 됩니다.

만약 논리에서 밀린다 싶으면 그들은 읍소작전으로 나올 겁니다. '다 알겠는데 이번 한 번만 도와주면 안 되겠니?'라면서요. 그들의 부탁 방식을 가만히 보면 '저렇게까지 간절히 부탁하는데도 거절하면 너무 미안하고 나 자신이 인간쓰레기처럼 느껴질 것 같다'는 생각이 절로 들 정도입니다. '내가 뭔데 이렇게까지 간곡히 부탁하나' 하는 마음이 들게 만듭니다. 하지만 이럴 때에도 정공법을 써야 합니다. "팀장님께서 그렇게까지 부탁하시니 안 해드리면 제가 죄책감이 들 것 같은데요, 그래도 저는 못하겠습니다. 혹시 제가 부탁 안 들어드린다고 저를 죄인 취급하실 건 아니죠?"

죄책감을 들게 해서 자기 부탁을 관철하려는 것이 그들의 전략이기 때문에 거기에 넘어가면 안 된다는 뜻입니다. 그러니 거절할 때의 명분을 확실히 하고 거절의 의사를 칼로 자르듯 단호하게 밝혀야 합니다. 혹시라도 부탁을 거절한 다음 해코지라도 하면 어떡하나, 걱정이 될 수도 있겠습니다. 하지만 그런 걱정은 거의 (혹은 전혀) 안 하셔도 됩니다. 만만하지 않은 사람으로 보인 당신을 그(녀)는 겁내고 있을 테니까요.

제가 이런 소소한 조언을 해보지만, 사실 직장 상사나 지도교수같이 절대권력을 가진 사람에게 거절의 말을 하기는 쉽지 않습니다. 그래서 좀 더 근본적인 얘기를 해봐야 할 것 같습니다. 예컨대 이런 질문을 던져보겠습니다.

"나는 이 사람을 통해 무엇을 얻으려 하는가? 이 대상(사람)을 통해 얻어내려는 나의 욕망은 무엇인가?"

타인의 욕망을 비난하면서, 자신은 욕망 따위 없는 청순한 영혼인 척하면 곤란하죠. 나도 내 욕망이 있으니 그의 곁에 붙어 있는 겁니다. 그러니 남의 욕망에 휘둘리지 않으려면 먼저 자기 욕망을 알아차리고, 자기 욕망을 인정해야 합니다.

자기애적 성격성향의 사람들이 자기 욕망을 워낙 천박하게 들이대니 상대적으로 나의 욕망은 순진하고 소박한 것 같겠지만, 지켜본 바로는 자기애적인 사람 곁에 있는 사람들의 욕망도 만만치 않게 교활하고 집요했습니다. 사실 어떤 면에서 그들도 자기애적인 사람을 이용하고 있는 것입니다. "어머, 악어는 징그럽고 위험해" 하면서도 악어 등 위에 올라앉아 다른 위험으로부터 벗어나 있는 악어새처럼, 가끔씩 악어가 먹다 남긴 먹이로 배를 채우며 '그래도 여기가 낫다'고 잠깐씩 자위하면서 말입니다.

물론 이들도 솔직하지 않기에 당하는 고통이 있습니다. 자기 자신을 기만한 데 따른 죄의식, 비겁함에 대한 굴욕감, 치사한 상황을 참아야만 지금의 삶을 유지할 수 있다는 데서 오는 비루함 같은 것들 말입니다. 이런 상태에 오래 있다 보면 우울증, 분노 조절의 어려움, 관계의 불화 같은 증상도 발생하죠.

그러니 성공한 사람들 곁에 머무르려는 자기 욕망을 똑똑히 바라본 다음 그것을 인정하는 것이 어쩌면 더 나을 수 있습니다. 그러면 최소한 자신을 기만함으로써 발생하는 부차적인 괴로움은 생기지 않을 겁니다.

아니면 반대로 '내가 사는 게 아무리 힘들어도 너한테 얻어먹고 살지는 않겠다, 너하고는 더 이상 관계 맺지 않겠다. 이것이 내가 나를 지키는 방식이다'라는 결심이 들 수도 있습니다. 또는 자기 욕망의 영역을 분명히 하는 것도 가능하겠죠. '네가 날 이용하려 한다면, 좋다, 나도 널 이용할 테다. 하지만 이것은 엄밀히 거래관계다. 네가 나를 필요 이상으로 착취하려 든다면 그때는 참지 않겠지만, 우선 나는 너에게 필요한 것을 받아내고 나도 그만큼 너에게 주겠다. 딱 여기까지다' 하면서요.

어떤 결정이 되었건 그들의 욕망이 당신을 집어삼키게 놔두지도 말 것이며, 자신의 욕망으로 자신과 그들 모두를 기만하지 않았으면 합니다. 그러기 위해서는 그들의 욕망과 자신의 욕망 모두를 잘 알아야 합니다. 또 그만큼 나의 불안을 잘 알아야 합니다.

정체성을
포기한다면

'나는 누구인가?' '나는 어떤 인간인가?'

삶의 무게가 버겁게 느껴질 때면 문득 이런 의문이 떠오르지 않습니까? 12월 송년회를 마치고 술에 취해 힘 풀린 다리를 끌고 집으로 돌아가는 길, 찬 골목에 우뚝 서 있는 가로등으로부터 '너는 누구냐?'라는 질문을 받은 적은 없습니까? 생각해보면 저는 10대 후반부터 20대 초반에 걸쳐 있던 시절에 가장 많이 이 질문을 했던 것 같습니다.

이른바 '정체성'이 불확실하거나 모호하다는 느낌은 가끔씩 우리를 혼돈스럽게 만들죠. 도무지 내가 누구인지 모른 채, 삶을 지탱할 정도의 정체성도 알아내지 못한 채 이렇게 살아간다는 것이 바보스럽게 여겨질 때도 있습니다. 도대체 무엇을 위해 사는 지도 모르면서 죽을힘을 다해 살아간다니 우스운 노릇이죠.

나의 정체성이란 무엇일까? 이 의문의 답을 찾는 데 도움이 될 만한 질문을 하나 알려드릴게요. 스스로에게 이렇게 물어봅시다.

'지금 나를 가장 힘들게 하는 것은 무엇인가?'
'지금 내가 정신적 에너지를 가장 많이 쏟는 대상은 무엇인가?'

만약 당신이 연인과의 갈등 때문에 힘들어하고 고민한다면, 현재 당신의 가장 중요한 정체성은 '연인'일 겁니다. 결혼한 여성이 새로 시작한 대학원 공부 때문에 가장 고민스럽고 많은 정신적 에너지를 사용하고 있다면 이 여성의 현재 정체성은 '아내'보다 는 '대학원생'이겠죠. 새롭게 사업을 시작한 사람이라면 사업 성 공을 위해 노심초사하며 대부분의 에너지를 사용할 것이고, 그렇 다면 이 사람을 가장 강력하게 사로잡은 정체성은 '사업가'일 겁 니다.

이렇게 보면 우리의 정체성은 단 하나로만 구성되는 것도 아니 고 평생 한 가지에만 머무르는 것도 아닌 것 같습니다. 한 여성의 정체성을 구성하는 것은 딸을 비롯해 직장인, 학생, 아내, 엄마,

며느리, 자매 등 크고 작은 다양한 것들의 모임입니다. 즉 정체성
이란 나를 고민하게 하는 것들의 총합이며, 상황과 시간과 장소
에 따라 또는 현재 삶의 조건에 의해 결정됩니다. 어떤 역할은 가
장 크게 자리 잡고 있고, 어떤 역할은 비교적 적은 에너지를 필
요로 하는 것들일 테죠.

하지만 생각해보세요. 지금까지 흔히 접해왔던 정체성에 관한
논의는 '나는 누구인가'에 대한 것이 아니라 '나는 무엇인가'에 대
한 것들입니다.

많은 사람들이 그토록 중요하게 여겼던 정체성이란 어쩌면 '역
할'의 다른 이름인지도 모릅니다. 어찌 보면 심리학은 정체성이라
는 단어를 만들어놓음으로써 인간을 '역할'을 수행하는 기능적
생물체로 전락시키는 데 크게 기여(?)했다고 할 수 있습니다.

물론 우리는 '역할'의 총합체가 아닙니다. 역할은 우리가 이런
저런 기능을 수행하는 데 지침을 주는 합의된 사회적 관습일 뿐,
한 인간을 실존적으로 설명하지는 못합니다.

자, 중요한 얘기는 이제부터입니다. 결론부터 말하자면 우리는
정체성이라고 하는 이 역할들을 다 벗어버린 뒤에야 겨우 '나는
누구인가?'라는 답을 찾을 수 있습니다. 정체성이라는 가면을 벗
어던져야 나의 실존을 만날 수 있다는 것입니다. 오히려 정체성

은 우리를 혼란스럽게 하고 우리의 삶을 방해할 때가 더 많습니다. (물론 정체성을 책임지는 자세는 건강한 삶의 모습이지만요. 이 문제는 다른 장에서 좀 더 자세히 설명하겠습니다.)

정체성이라는 이름으로 행해야 하는 역할을 과도하게 떠안을 때, 그만큼 고통은 커질 수밖에 없습니다. 특히 정체성이 무엇인지 고민도 없는 상태에서 이유도 모른 채 어떤 일을 강박적으로 수행할 때, 고통은 더 심각해집니다.

상담 전공 학생들과 수업을 하면서 저는 이런 질문을 던지곤 합니다.

"상담학 석사나 박사학위가 없어도 너는 너일 수 있는가?"

"상담학 석박사, 상담 전문가가 되지 못한다면 너는 너일 수 없는가?"

이 질문은 다양하게 변주해볼 수 있습니다. '나는 축구동호회 회원이 아니어도 나일 수 있는가?' '나는 ○○고등학교 동문이 아니어도 나일 수 있는가?' 이런 가벼운 질문에는 대부분 '당연히 나일 수 있다'고 대답할 겁니다. 그렇다면 이런 질문은 어떨까요?

'나는 아버지가 아니어도 나일 수 있는가?'

'나는 아내가 아니어도 나일 수 있는가?'

보통 우리는 가족을 가장 중요한 타인으로 생각하고 그에 맞는 역할을 수행합니다. 그런데 아이가 없어짐으로써, 또는 자발적으로 아버지의 역할을 포기해버려서 내가 더 이상 아버지가 아니게 된다면 이 사실을 받아들일 수 있을까요? 남편이 어느 날 갑자기 사라져버려서 더 이상 사랑하는 남편을 볼 수 없고 그의 아내가 아니게 되었을 때에도 나는 나일 수 있을까요?

몇 년 전 어느 중년 여성을 상담하면서 이 문제를 깊이 고민할 기회가 있었습니다. 진희 씨는 중산층이라 불리기 위해 갖추어야 할 모든 것을 갖추고 있었습니다. 좋은 직업을 가진 남편, 석사 이상의 학벌, 세련된 매너, 넉넉한 수입, 공부 잘하는 아이, 역시 경제적으로 부유한 친정과 시댁, 좋은 차와 매년 즐기는 해외여행까지 물질적으로 부족한 것은 하나도 없었습니다.

다만 문제는 지나치게 자유분방한(?) 남편이었습니다. 남자가 사회생활을 하다 보면 당연히 룸살롱에도 출입할 수 있고 거기서 만나는 여자와 잠자리 갖는 것쯤은 바람피우는 것도 아니라고 믿는 사람이었습니다. "내가 밥을 굶기냐, 노름을 하냐, 갖고 싶은 것을 못 사주냐, 그렇다고 술 마시고 때리기를 하냐, 거래처 사람들 접대하고 사회생활에 필요한 관계를 유지하기 위해 그런 술집에 가는 건 당연한 건데 무슨 불평이냐"고 반문했답니다. 자신이 그렇게 해서 벌어온 돈으로 호의호식하는 주제에 뭔 말이 많으냐고 도리어 화를 내기도 했다죠.

결혼 초기에는 그런 일이 자주 있지도 않았고 남편도 조심했기에 큰 문제가 되지 않았답니다. 하지만 시간이 지나고 남편의 지위가 점점 올라가면서 룸살롱 출입도 잦아지자 다툼은 점점 심해졌습니다. 남편이 느닷없이 외박을 하거나 짙은 향수 냄새와 여성 화장품을 옷에 묻혀 오는 날이 자꾸 생기면서 진희 씨의 분노도 커져갔습니다. 하지만 남편의 태도는 너무 당당했고, 아내를 철딱서니 없는 여자 취급했습니다.

그렇게 화를 내고 싸우는 날이 잦아지면서 진희 씨는 남편과 더 이상 같이 살기 어렵겠다는 생각이 들었습니다. 남편이 '더럽다'는 생각에 잠자리를 같이하는 것이 혐오스럽게 느껴졌습니다. 결국 두 사람은 각방을 쓰기 시작했고 이른바 섹스리스 부부가 된 지 2년이 가까워온다고 했습니다.

그녀는 왜 상담실을 찾았을까요? 이혼을 하고 싶은데 왜 결단을 못 내리는지 자기도 모르겠다고 했습니다. 자신이 무엇을 원하는지 알지 못해서 혼란스럽다는 것이었습니다.

진희 씨는 가장 먼저 아이들이 걸린다고 했습니다.

"특히 자녀 있는 분들은 이혼을 결심하기가 쉽지 않은 것 같습니다. 진희 씨도 자녀가 가장 마음에 걸리나요?"

"당연하죠. 그게 가장 큰 것 같아요. 아이에게 최고의 환경을 제공하고 싶어요. 가능한 한 완벽한 환경이요. 그것만 된다면 다

참아볼 수 있을 것 같아요."

결혼기간에 따른 이혼율을 보면 1년 미만의 부부가 가장 높다고 합니다. 아직 자녀가 없을 때 일찌감치 갈라서자는 것 같습니다. 혼인신고를 하지 않고 살다가 헤어지는 1년 미만의 동거 커플까지 합산하면 무자녀 부부의 이혼율은 꽤 높을 겁니다. 사실 부부의 이혼에 가장 큰 고려사항이 자녀들이고, 부모로서의 책임 때문에 이혼을 결심하기가 쉽지는 않죠.

이혼 문제는 조금 미뤄두고, 남편과의 관계를 먼저 다뤄보기로 했습니다. 남편의 상습적인 혼외정사에 대해 분노하는 것은 굳이 설명이 필요 없을 정도로 이해가 되었습니다. 하지만 남편의 그런 행동이 진희 씨에게 어떤 고통을 주었는지는 본인도 정확히 알아야 할 것 같았습니다.

"남편의 그런 행동을 알고 나면 마음이 어떤 상태로 변하나요?"

"일단 먼저 걷잡을 수 없이 화가 나죠. 밤늦게까지 기다리다가 새벽까지 안 들어오면 결국 제 생각이 또 그걸 하는구나, 그리로 가요. 한두 번이 아니니까요. 처음에 몇 번 그럴 때는 불안하고 혹시 무슨 사고라도 생겼나 싶다가 그게 어떤 일인지 분명히 알게 되고 나서는 걱정은 안 해요. 화가 나죠."

"그 일이 진희 씨를 화나게 하는 건 충분한 이유가 되는 것 같습니다. 만약, 아주 만약이지만 입장이 바뀌었다면 남편분이 뭐라고 하실지 궁금하네요."

"제 말이 그거예요. '내가 만약 밖에 나가서 그러고 돌아다니면 당신은 어떨 것 같냐'고 하면, 남편의 대답은 한결같아요. '야, 남자하고 여자하고 같냐?' 이래요."

"상황을 이렇게 생각해볼까요. 진희 씨가 바깥에서 돈을 벌어 집안의 수입을 모두 책임지고 있고 남편은 집에서 살림하는 상황을 가정해봅시다. 그런데 진희 씨가 거래처 남자들과 밤늦게까지 술 마시고, 뭐 요즘에는 남성들이 도우미로 나오는 이른바 호스트바도 있으니 여자직원들과 그런 데 가서 놀고, 남편이 하듯이 똑같이 한다면요. 그리고 그것을 남편이 안다면, 진희 씨가 아는 남편은 어떻게 할 것 같으세요?"

"아마, 남편 성격 같으면 같이 죽자고 할걸요. 아니면 자기가 죽어버릴지도 몰라요. 자존심이 상해서요."

"자존심이 상해서 죽는다고요."

"아마 그 사람은 굴욕감을 견디지 못해 이혼하자는 말도 못하고 차라리 죽어버릴지도 몰라요."

"굴욕감이라고 하셨죠. 진희 씨는 어떠세요?"

"저요? 음… 그래요. 뭔가 표현할 수 없는 정말 먹구름 같은 감정이 있었는데, 선생님 질문을 듣고 보니, 이게, 맞아요. 굴욕감 같은 거예요."

진희 씨는 자신이 느끼는 가장 큰 감정이 분노와 더불어 굴욕감이라는 것을 알게 되었습니다. 남편은 언제나 부족함 없이 가족을 부양하기 위해 고생하고 있다고 항변했습니다. 그런데 그가 하는 '고생' 중에는 심하게 말하면 집단 유사성행위를 함으로써 이른바 사회적 유대관계를 돈독히 하고 돈벌이의 안정성을 확보하는 일도 포함돼 있습니다. 그렇게 보면 아이를 공부시키고 아이들이 읽는 책을 사주는 데에도 남편이 '몸 팔아서' 번 돈이 들어가는 셈이죠.

이야기가 진행되면서 진희 씨는 자신이 먹는 음식과 쓰는 물건, 입는 옷, 속옷에도 그런 돈이 포함되어 있다고 생각하니 굴욕감을 견디기 어렵다고 했습니다. 이렇게까지 비루하게 삶을 연명해야 하나 싶은 생각까지 든다고 했습니다.

그러자 아이 엄마라는 역할, 아이에게 최고의 환경을 제공하는 것이 급선무라 여겼던 자신의 생각이 얼마나 웃긴 것이었는지도 깨달았답니다. 자신과 아이에게 제공되는 부족함 없고 윤택한 삶은 결국 남편이 벌어오는 돈으로 가능한 것이었죠. 그런데 그 돈이 만들어지는 과정이 어떤 의미인지 분명히 알게 되자 이것이 진정한 안정과 풍요인지 의심하게 된 겁니다. 완벽한 겉모양을 갖추기 위해 얼마나 큰 굴욕감을 참고 살아야 했는지, 또 앞으로 얼마나 이렇게 살아야 할지 알 수 없는 일이었습니다. 그런 돈으로 아이를 입히고 먹이고 자신이 호의호식하며 살 자신이 없어졌습니다.

이대로라면 진희 씨는 남편과의 이혼을 결심할 수도 있었습니다. 하지만 분석가의 역할 중 하나는 내담자의 정서적, 심리적, 인지적 균형을 맞추고 그것들의 통합을 돕는 것입니다. 자신의 굴욕감에 비례해서 남편에 대해 혐오감을 가지는 것은 이해되고도 남음이 있었습니다. 하지만 그녀가 느끼는 혐오감이 남편 자체에 대한 혐오감인지 남편의 행동에 대한 혐오감인지는 구분할 기회가 있어야 할 것 같았습니다. 진희 씨에게 이혼을 결정하기 전에 남편과 먼저 대화해보라고 권했습니다. 그리고 자신이 혐오하는 것이 남편의 행동인지, 아니면 남편 그 자체인지도 생각해보라고 했습니다.

상담을 계속 진행하면서 자신의 마음을 더 깊게 들여다본 그녀는 남편이 그런 행동만 하지 않는다면, 그리고 백번 양보해서 그런 행동을 할 수밖에 없었다 해도 그에 대해 진심으로 미안해하고 가급적 그런 자리를 만들지 않으려 노력하는 모습을 보인다면 남편을 오히려 더 좋아하게 될 수도 있다고 했습니다.

이렇듯 자신이 느끼는 고통스러운 감정 속으로 들어가 그 감정들의 소리를 들어보면 생각지도 못했던 답을 찾게 됩니다. 미워할 수밖에 없었던 남편일지라도 그의 행동이 자신의 삶에 어떤 영향을 끼쳤고, 그것이 삶에 어떤 의미인지를 찾는 것은 정말 중요합니다. 그러기 위해서는 내면에서 일어나는 소용돌이같이 두려운 감정을 충분히 만나보아야 합니다.

진희 씨와 상담을 마무리하기 위해 그녀의 정체성에 대한 얘기를 다시 꺼냈습니다. 자신이 결코 포기할 수 없다고 생각하는 '좋은 엄마', '아이에게 최고의 환경을 제공하는 훌륭한 엄마'의 역할을 수행하기 위해 진희 씨는 많은 고통을 참아왔습니다. 엄마라는 역할이야말로 그녀의 삶과 동일시되는 정체성이라고 믿었기 때문이죠.

그녀는 그 역할을 수행하기 위해 자신을 사용했지만, 정작 자기 존재의 존귀함에 대해서는 생각이 미치지 못했습니다. 엄마라는 역할에 자신을 몽땅 쏟아붓느라 정작 자신을 돌아보고 존중할 기회는 상대적으로 적었던 거죠. 자기 역할을 훌륭하게 하는 것이 자기를 지키는 것이라 생각했는데, 그것이 오히려 자신을 병들게 했던 겁니다.

자기를 지킨다는 것은 존재 고유의 존엄성, 존귀함을 그 누구도 훼손하지 못하도록 하는 것입니다. 그것은 스스로를 지키는 것이기도 하지만, 서로가 지켜주기도 하는 겁니다. 그런 맥락에서 진희 씨와 연대engagement라는 주제에 대해서도 얘기했습니다. 진희 씨가 겪는 고통은 개인적 차원, 즉 부부관계의 회복만으로는 다 해결할 수 없다는 문제의식을 가질 필요가 있다고 조언했습니다. 남성들의 성문화, 직장문화, 접대문화를 사회적으로 바로잡으려는 노력이 있어야 하고, 성매매 여성들에 대한 사회적 이해와 지원도 필요하겠죠. 많은 여성들이 자기 남편만 잘 잡으면 된다고 생각하는데, 그 노력의 10분의 1만이라도 직장문화와 접대문화를 비롯한 사회 전체의 문화를 바로잡는 데 쓴다면 더 큰 성과를 낼 수 있을 거라는 얘기도 했습니다.

상담이 마무리되는 시점에서 그녀는 그동안 자신이 하나의 역할과 정체성에 자기 존재를 다 던져버렸다는 것을 알게 되어 괴롭지만 한편으로는 홀가분하기도 하다고 했습니다. 앞으로 자기 삶을 어떻게 더 존중하며 살 것인지 고민하겠다고 했습니다.

몇 개월이 지난 뒤 진희 씨가 한 통의 메일을 보내왔습니다. 여성학을 전공으로 대학원 진학을 준비해서 합격통지를 받았다는 소식이었습니다. 아직 시작도 안 했지만 학위논문은 성매매 행위를 하는 남성들에 관해 쓰겠다고 했습니다. 문제의 핵심을 비켜 가지 않고 그것이 무엇인지 똑똑히 알고 싶다는 얘기도 덧붙였습니다. 그리고 이런 지식과 자기 경험을 토대로 남편과 싸워보겠다는 '포부'도 밝혔습니다.

그녀는 메일에 이렇게 썼습니다. "남편에게 당신의 성접대, 성매매 행위가 내 삶을 얼마나 굴욕적으로 만들었는지, 그렇게 벌어온 돈으로 아이의 음식을 만들고 옷을 사 입히고 공부시키는 것이 아이에게 떳떳할 수 있겠냐고 말했어요. 그리고 그렇게라도 돈을 벌어와야 하는 당신이 안됐다는 생각도 든다고 했어요."

메일은 더 감동적인 얘기를 담고 있었습니다.

"지금 남편의 태도는 전보다 많이 좋아졌고 스스로도 자제하려고 노력하는 모습을 보이지만, 여전히 진심으로 반성하는 것 같지는 않아요. 하지만 좀 더 기회를 줄 생각이에요. 나도 엄마라는 정체성에만 목매고 살았던 것처럼, 저 사람도 '돈 버는 사람'이라는 정체성에만 매달려 있으니 아직 자기 자신을 찾으려면 제가 좀 더 설득하고 최선을 다해봐야 할 것 같아요. 아직도 남편을 좋아하는 것 같아요."

우리는 '나는 누구인가?'라는 질문을 하지만 종종 그 질문은 '나는 무엇인가?'라는 질문으로 잘못 흘러가버립니다. 정체성이란 '누구'보다는 '무엇'에 가까운 단어죠. 그래서 저는 정체성이라는 말은 가능한 한 쓰지 않는 것이 좋다고 생각합니다. 그것은

'사회적 가면'의 다른 이름일 뿐이기 때문입니다. '무엇'은 잠시 미뤄두고, 당신 그 자체를 응시하기 바랍니다. 당신이 '누구'인지 알게 되면, 무엇을 해야 할지는 자연스럽게 떠오를 테니까요.

저는 진희 씨가 가장 현명한 포기를 선택했다고 생각합니다. 그녀가 포기한 것은 '완벽한 행복'이었습니다.

좀처럼 불안에서 벗어나지 못한다면

자기연민,
스스로 불쌍한 존재에
머물지 않으려면

유난히 슬픔을 많이 타고 잘 우는 사람들이 있습니다.

공감능력이 예민하고 마음이 여려서 쉬이 슬퍼하는 사람도 있지만, 지금 제가 이야기하려는 것은 자기연민 때문에 힘들어하는 사람들입니다. 내담자들뿐 아니라 이래저래 알고 지내는 사람들 중에도 자기연민으로 슬퍼하는 사람들이 제법 많은데요, 제 직업 때문인지 그들은 제가 자신의 이야기를 잘 들어줄 것이라 기대합니다. 잠깐 하소연하자면, 저로서는 편하게 사람을 만나 동등한(?) 관계에서 소통하는 것이 여간 어려운 일이 아닙니다. 대부분 자기 이야기를 들어주기 바라기 때문이죠. 학생이나 후배라면 그러려니 하겠는데 나이 많은 선배들, 심지어 전문 상담자들도 여지

없이 자기 이야기를 늘어놓으려 합니다.

어쨌건 자기 이야기를 하다 보면 노소를 막론하고 지위와 상관없이 자신의 힘든 상황, 갈등, 오래된 고민이 주제가 됩니다. 그런데 이야기를 하다가 금방 눈물을 흘리는 사람들이 꽤 있습니다. 사실 자기연민이 강한 사람들의 특징이 자기 이야기를 하면서 곧잘 운다는 것입니다. 상담실에서 만나는 내담자라면 충분히 이해가 되지만 개인적으로 만난 자리인데 그런 일이 자꾸 생기면 솔직히 부담스럽고 가능하면 만남을 피하고 싶어집니다. 자기연민에 빠져 있는 사람은 아무리 위로해주어도 끝없이 솟는 눈물샘을 가지고 있다는 것을 잘 알기 때문입니다.

왜 그들은 자신을, 자신의 삶을 생각하면 그리도 쉽게 슬퍼지는 걸까요?

제 경험 하나를 예로 들어보겠습니다. 아는 분과 저녁을 먹기로 했는데 만나기 직전에 친한 친구와 같이 오겠다는 문자를 보내왔습니다. 불길한(?) 느낌이 들었습니다만, 결국 세 명이 저녁을 먹게 되었습니다. 이렇게 지인을 따라 저를 만나러 오는 이들은 대부분 뭔가 자기 이야기를 하러 오는 사람입니다. 상담을 받기에는 용기가 나지 않고, 상담 받는다는 것을 꺼림칙하게 생각하는 사람들은 이런 개인적인 관계를 통해 밥 한 끼 사주고 공짜

상담을 받으러 온다는 것을 꽤 여러 번 경험했기 때문입니다. 그 래서 저는 그런 친구를 데리고 오는 사람과는 두 번 다시 개인적 인 식사 약속을 잡지 않습니다. 개인적인 친분을 이용해 나를 '착취하는' 행위이고, 그만큼 나에 대한 배려도 없고 나를 아끼 지도 않는 사람이기 때문입니다.

예상대로 그날 처음 본 그 여성은 만난 지 10분도 되지 않아, "상담하시는 선생님이라고 말씀 들었는데 뭐 좀 여쭤봐도 될까 요?"라며 운을 뗐습니다. 저는 "아뇨, 묻지 마세요. 상담자한테 물 어보셔야 할 거라면 상담자를 직접 찾아가서 얘기하세요"라고 단 호하게 말하려 했습니다만, 이미 그녀의 눈에는 말과 동시에 눈 물부터 고여 있었습니다. 결국 "네, 말씀해보세요"라고 대답할 수 밖에 없었죠. 그렇게 식사를 하고 찻집으로 자리를 옮겨서도 두 시간 넘게 그 여성의 이야기를 들어주어야 했는데, 그녀는 말하 는 내내 슬퍼하며 눈물을 흘렸습니다.

내용은 대략 이랬습니다. 어린 시절 아버지의 행패에 못 이겨 어머니가 집을 나가버린 적이 수도 없이 많았는데, 그때마다 어머 니가 어린 동생과 자신을 버려두고 나갔다는 겁니다. 아버지는 술 마시고 노름하느라 집안 살림은커녕 자식들이 밥을 먹는지 굶는지 관심도 없고, 집에 오면 항상 술에 취해 곯아떨어졌다가 눈뜨면 또 술을 찾고 노름판에 끼어 밤을 새우고 돌아왔답니다.

그때마다 자신은 동생을 업고 한참을 걸어서 친척집에 밥을 얻어먹으러 가곤 했다고 합니다.

다들 먹고살기 어려웠고, 양식을 풍족하게 재어놓고 사는 집은 거의 없던 시절이었습니다. 어머니는 집을 나가버리면 언제 돌아올지 몰랐습니다. 짧으면 며칠이지만 때로는 계절이 바뀌도록 돌아오지 않은 적도 있었다고 합니다. 집안에 양식이 될 만한 것은 다 떨어지고 몇 끼를 굶은 날이면 동생을 들쳐업은 포대기 끈으로 허기진 배를 질끈 동여매고 친척 집으로 가서 한 끼라도 얻어먹고 왔답니다. 한겨울 밤바람은 귀신처럼 무섭게 불고, 홑겹 옷을 입은 어린 여자애가 배고파 칭얼대는 동생을 업고 동냥하러 가는 길은 슬프고 무섭기 짝이 없었겠지요.

누가 들어도 슬퍼할 이야기였습니다. 저 역시 그렇게 아프고 슬픈 일을 경험한 여성이 안됐고 측은하게 여겨지기는 했습니다. 그런데 이야기를 듣다 보니 그녀는 그때 자신이 얼마나 무섭고 힘들었는지, 똑같은 느낌을 표현만 조금씩 바꿀 뿐 하염없이 반복하고 있었습니다. 그럴 때마다 여지없이 눈물 홍수가 났죠. 결국 미안하게도 이야기 듣는 것이 꽤 지겨워졌고, 저를 왜 만나러 왔는지가 궁금해졌습니다. 그래서 '나를 만나서 무엇을 물어보려 했느냐'고 물어봤죠. 그러자 그 여성은 "뭐 딱히 물어볼 게 있다기보다는요, 그냥 상담하시는 선생님께 말씀드리고 나면 좀 더 편해질까 싶기도 하고, 아니면 혹시 도움이 될 만한 어떤 말씀이라도 들을 수 있을까 해서요"라는 답이 돌아왔습니다.

내가 무슨 감정의 쓰레기통인가, 아니면 '임금님 귀는 당나귀 귀' 하며 하고 싶은 말을 들어주는 항아리인가, 기분이 확 상해서 자리를 적당히 마무리하고 헤어졌습니다. (사실 상담하는 사람들에게는 이런 일이 종종 일어납니다.) 그리고 다음 날 그 여성을 데리고 온 지인에게 전화를 걸어 다시는 저하고 개인적으로 만날 생각하지 말라고 말했습니다.

사실 상담이 많은 날은 6명도 넘는 내담자를 만나 그들이 털어놓는 이야기에 집중하고 그 감정과 생각을 이해하기 위해 에너지를 쓰다 보면 저녁쯤에는 마음이 많이 지칩니다. 그럴 때, 마음 편히 밥 먹으며 긴장을 풀고 싶은 자리에서조차 이런 사람을 만나면 사생활을 침해받는 것 같고, 휴식을 망쳐 더 지쳐버리게 되니 마음이 흐트러집니다. 그런 사람을 데리고 나온 지인이 나를 배려하지 않는다는 생각도 들어 화도 나고요.

그 일이 있고 몇 주 후 새로운 내담자를 만났습니다. 그 여성도 이야기를 쉽게 이어가지 못할 정도로 눈물이 많고 자기연민이 많은 사람이었습니다. 첫 세션에서 그 여성이 뽑아 쓴 티슈가 30장도 넘을 겁니다. 지나온 세월을 이야기하며 흘린 눈물로 진이 빠진 듯했지만 몇 세션이 지나도록 그녀의 눈물샘은 쉽게 마르지 않았습니다.

저는 그녀와의 세션이 슬슬 지겨워지기 시작했습니다. 물론 그녀의 개인사도 고난과 아픔으로 점철돼 있었습니다. 특히나 어린 시절, 중고등학교 시절에 겪었던 일들은 암울하다는 말로밖에 표현할 길이 없을 정도였습니다. 그러나 지겹다는 나의 느낌 역시 강렬한 것이어서 쉽게 떨쳐낼 수 없었는데요, 그러던 어느 주말 한가로이 쉬던 중에 문득 몇 주 전에 만났던 그 여성의 이야기가 생각났습니다. 퇴근 후의 여유를 망쳐버려 짜증스런 기분에 제대로 새겨서 생각해보지 못했던 그녀의 경험이 지금 만나고 있는 내담자를 연상시켰기 때문이었습니다. 뭔가 내담자의 경험과 유사한 점이 많다는 생각이 들었습니다.

내담자는 두 명의 오빠와 두 명의 언니, 자기 밑으로 두 명의 남동생과 막내 여동생, 모두 4남 4녀 대가족에서 성장했답니다. 가족 내에서 그녀의 위치는 미미할 수밖에 없었을 겁니다. 게다가 병약했던 그녀는 어려서부터 병을 달고 살았는데 겨울이면 내내 천식 기침에 시달렸고, 여름이면 땡볕에서 한 시간만 놀다 들어와도 몸살이 났답니다. 입이 짧아 밥은 언제나 형제들의 3분의 1도 못 먹었고, 툭하면 코피를 흘리고 학교도 빠지기 일쑤였습니다. 가뜩이나 많은 자식들을 건사하고 집안일을 하느라 바쁜 엄마는 병약한 딸 때문에 너무 힘들어하셨답니다. 그래서 딸이 아플 때면 언제나 "아이고 지겨워, 아이고 지겨워" 하고 푸념하셨다고 합니다.

어떤 사람에게 '넌 지겹다'라는 말을 들으면 어떤 감정이 들까요. 만약 누군가가 나를 지겨운 존재로 생각하고, 그런 말을 내게 한다면 어떨까, 특히 그 사람이 아주 중요한 사람, 예를 들어 어머니라면 어떨까… 몇 주 전에 만났던 여성이 했던 말들이 떠올랐습니다. 왜 그녀의 엄마는 두 아이를 버려두고 나갔을까? 그 행위 자체가 말하는 메시지는 무엇일까? 아마도 아이가 이해한 메시지는 '나는 엄마한테 사랑받지도 못하는 혹 덩어리같이 귀찮고 지겨운 아이' 정도가 아닐까 짐작해보았습니다.

식사 자리에서 그 여성이 했던 이야기 중에 흘려들었던 말도 생각났습니다. 아버지가 술에 취해 한바탕 행패를 부리고 어머니도 집을 나가고 아이들은 먹을 것이 없어 배를 곯고 있으면, 처음에는 옆집 아줌마가 측은한 눈길로 옥수수나 감자 찐 것을 조금 나누어주었답니다. 하지만 그것도 하루 이틀 지나면서는 아이가 배고파서 옆집을 쳐다보면 아줌마는 그 눈길을 외면하면서 뭔가 화난 듯한, 짜증스럽고 지겨운 듯한 표정을 지었던 것을 기억한다고 했습니다. 그리고 고모네 집에 들어서면 고모는 아무런 말도 하지 않았지만 고모부가 "또 왔냐, 참, 너네 집도 어지간하다. 에

이 쯧쯧…" 하면서 방문을 꽝 닫고 들어가 버리곤 했답니다.

그제야 자기연민의 감정으로 힘들어하는 사람들의 고통을 어렴풋이 이해할 수 있을 것 같았습니다. 우리가 어떤 대상을 보고 슬퍼하고 눈물 흘릴 때, 그 이유는 그 대상이 아주 불쌍한 상황에 처해 빠져나올 방도가 보이지 않기 때문인 것 같습니다. 저는 KBS에서 방송하는 〈동행〉이라는 프로그램을 끝까지 보지 못합니다. 방송을 보다 보면 마음이 너무 아프고 나중에는 저 자신에 대한 무력감이 들어서 얼른 채널을 돌려버리게 됩니다.

그런데 제가 채널을 돌려버린다는 것을 그 출연자가 안다면 자기 자신에 대해 어떤 감정이 들까요? 그런 식으로 보면 내담자나 그 여성은 〈동행〉에 나오는 출연자들이고, 나는 그들의 불쌍함을 외면하고 피하려는 시청자와 비슷하겠다 싶었습니다. 그때 전달되는 메시지는 '아, 난 쳐다보기 처참할 정도로 불쌍한 존재구나'라는 것 아닐까요.

자기연민으로 힘들어하는 사람들은 말 그대로 자기를 '정말로' 불쌍하게 여기고 있는 것 같습니다. 실은 당연한 말 같지만 그 '불쌍함'을 이해하기 위해서는 더 깊은 이해가 필요합니다. 자기연민의 진짜 문제는 스스로를 불쌍하게 여기는 것만이 아니라, 타인들도 자기를 불쌍하게 여기고 있다는 것을 알아채고, 그것을 기정사실로 '받아들인' 데 있습니다. 저는 이쯤에서 '자기혐오'라는 단어를 떠올렸습니다. 타인에 의해 불쌍하고 지겨운 존재로 '낙인찍힌' 그 감정은 자기혐오를 품게 할 것 같았습니다.

스스로를 불쌍한 존재라고 여기게 되었을 때 자기존중감을 생성해내기란 쉬운 일이 아닐 겁니다. 남들로부터는 물론 스스로도 불쌍하게 여길 정도밖에 안 되는 자신이 밉고 못나 보이겠죠. 잘나고 싶지만 결코 그렇게 될 수 없다고 생각되는 자신, 아무리 사회적으로 성공하고 자리를 잡아도 내면의 깊은 곳에서는 "넌 지겨운 애야, 넌 불쌍한 애야, 넌 사랑받을 자격이 없는 사람이야"라는 자신의 목소리가 들려온다면 어떨까요.

그래서 자기연민은 단순히 자신이 겪은 힘든 시간에서만 비롯되는 것이 아니라, 자기평가의 결과물이기도 합니다. 저와 식사를 같이한 그 여성은 남자도 하기 힘든 분야에서 성공한 사업가였고, 내담자 역시 남편과 함께 자영업을 견실하게 운영하고 있어서 사회적으로나 경제적으로 부족함이 없었습니다. 그럼에도 어린 시절의 경험 때문에 자기연민이라는 고통을 겪으며 살아가고 있었습니다.

정신분석이라는 작업을 통해 할 수 있는 일은, 그리고 스스로 자기연민을 통과할 수 있는 방법은, 자신에 대해 내린 스스로의 평가가 무엇인지를 분명히 아는 것입니다. 분석 작업은 대부분 내담자가 겪는 고통의 진원지까지 데리고 들어가는 과정이기도 합니다. 그만큼 자기연민의 진원지가 어디인지를 아는 것이 치유의 중요한 과제라는 뜻이죠.

그러기 위해 앞에서 말한 과정을 역순으로 밟아 들어가게 됩니다. 먼저 자신에 대한 스스로의 평가는 어떤 과정을 통해 내릴 수 있는지, 자신이 어떤 인간이라고 생각하는지, 왜 그렇게 생각하게 되었는지 차근차근 짚어봅니다. 이 작업은 쉬운 일이 아닙니다. 스스로에게서 사랑받을 만하다고 여겨지는 매력을 찾기도 하지만, 자신조차 마주하고 싶지 않은 부분에 대해서도 낱낱이 이야기해보아야 하기 때문입니다.

이런 과정을 잘 겪어내면 자기연민으로부터, 그리고 스스로에 대한 불만족에서 벗어날 가능성이 매우 높습니다. 결국 고통의 씨줄과 날줄을 올올이 한 번 더 챙겨보는 작업을 거치고서야 고통으로부터 벗어날 수 있는 것입니다. 말랑말랑한 몇 마디 위로로 우리 삶은 결코 달라지지 않을 겁니다. 삶이 그 정도 위로로 변화될 만큼 가볍기만 하다면 우리의 존재는 얼마나 하찮은 것이란 말입니까?

이와 더불어 자기연민을 없앨 수 있는 가장 중요한 한 가지가 남았습니다. 그것은 바로 자기연민을 보내버리겠다는 '결정'입니다.

자신을 불쌍하게 봤던 사람들의 시선과 메시지는 이제 더 이상 유효하지 않다는 겁니다. '나는 불쌍한 어린아이였다'는 문장은 어느 하나도 사실이 아닙니다. 왜냐하면 나는 지금 어린아이도 아니고, 불쌍하지도 않으니까요. 사실이 아닌 것을 신념으로 삼는 것은 어른으로서 할 일이 아닙니다.

저는 '결행'이라는 단어를 좋아합니다. 결정(또는 결심)하고 그것을 행동으로 옮기는 것을 지칭하는 단어죠. 자기연민을 보내버리겠다는 결정을 실행한 자신은 얼마나 자랑스러울까요. 그런 자신을 존경하는 것도 한결 쉬워질 겁니다.

우리는 많은 경우, 결정을 미룹니다. 감정을 잘 들여다보고 다독이고 분류해서 정리하는 작업도 필요하지만 어느 시점에서 우리는 결단력을 발휘하고 의지를 동원해야 합니다.

또 한 가지 자기연민으로부터 벗어날 수 있는 좋은 방법은, 타인을 돕는 것입니다. 자신처럼 어린 시절을 힘겹게 살아가는 아이들, 또는 자립할 수 없어서 도움이 필요한 사람들, 누군가의 지속적이고 따뜻한 손길을 받으면 고통에서 벗어날 수 있는 사람들이 있습니다. 그들에게 자신이 가진 것을 나누고 돕는 경험을 함으로써 타인 속의 나를 치유할 수 있습니다.

자기연민에 빠진 사람들의 특징이 뭔지 아세요? 세상에서 자기가 가장 불쌍하기 때문에 다른 사람들의 불쌍함에 마음을 줄 여유가 없다고 하는 것입니다. 하지만 타인의 고통을 자신의 고통으로 끌어안는 것은 자기연민에서 벗어날 수 있는 좋은 방법입니다. 자신이 도와주는 그들이 바로 고통 받던 어린 시절의 자기 모습이므로, 결국 그것은 스스로를 치유하는 일이 되겠죠.

그리고 그런 행위를 통해 멋진 자기, 타인에게 도움이 되는 자신을 발견하게 될 것입니다. 이런 행위의 치유적 효과는 이미 한 세기 전 알프레드 아들러라고 하는 정신분석학계의 거장이 말해주었습니다. 그는 '협력'이야말로 심리적 상처를 치유할 수 있는 가장 좋은 방법 가운데 하나라고도 했습니다.

그러니 혼자 웅크리고 스스로를 불쌍해하지 마십시오. 자신의 고통을 직시하고, 타인의 고통을 끌어안음으로써 우리를 괴롭히는 자기연민의 고통에서 벗어날 수 있습니다.

잘나 보이려는
노력을
포기해봅시다

아침이 오고 눈을 뜰 때마다 또 하루를 시작해야 한다는 사실이 힘겨운 사람들이 있습니다. 무엇보다 사람들을 만나 그들의 말과 행동 하나하나에 신경 써야 하는 것이 너무 버겁게 느껴집니다. 상대의 얼굴에 행여 비웃음 같은 미소가 슬쩍 번지기라도 하면 하루 종일 기분이 언짢고 가라앉는다고 합니다.

모임이라도 있어서 사람들을 만나고 돌아오는 길이면 처참한 기분이 들 때도 있습니다. 분명 자신은 모임의 일원으로 참석했지만 왠지 가서는 안 될 곳에 간 것 같은 부적절감이 들어서 그렇답니다. 또는 무슨 말이라도 할라치면 사람들의 반응이 신경 쓰여서 긴장을 풀 수 없다고 합니다. 그런 티를 내지 않으려니 더 힘들고, 사람들에게 신경 쓰고 눈치 보는 자신이 한심하게 느껴지고, 이런 사실을 날마다 확인하고 사는 것이 지옥 같다는 겁니다. 일단 무엇보다 사람들이 너무 두렵게 느껴집니다.

윤석 씨의 아침은 늘 이런 두려움과 낙담으로 시작되었습니다. 눈을 뜨면 오늘 하루를 또 어떻게 견뎌야 할지, 생각만으로도 마음이 가라앉았습니다. 더욱이 직업상 그는 많은 사람을 만나야 합니다. 작은 학원을 운영하기에, 학부모 상담도 해야 하고 대여섯 명 정도 되는 강사 관리도 해야 합니다.

하지만 무엇보다 큰 두려움은 수업입니다. 원장이지만 담당 과목 강의도 해야 합니다. 주로 중학생들을 가르치는데, 아이들이 말을 안 들어서 힘든 게 아닙니다. 평가받는 느낌 때문에 힘듭니다. 그는 항상 아이들에게 평가받는 기분으로 수업에 들어갑니다. 긴장해서 나름대로 준비도 꼼꼼히 하고 성실하게 수업을 진행하지만 그래도 하루에 두 시간씩 있는 수업은 그의 일상에서 가장 큰 부담이었습니다. 수업시간에 아이들이 귓속말을 하고 그러다가 웃기라도 하면 자기를 비웃는 것 같아서 화도 나고 아이들이 미워지고, 두려워지기도 한답니다. 가장 큰 문제는 그러고 나면 급격하게 기분이 가라앉는다는 것입니다. 버릇없는 학생에게 어쩌다 기분 상하는 말을 듣는 날이면 당장 학원을 접고 싶어지지만 네 가족의 가장으로서 무책임하게 굴 수는 없는 일이고, 다른 일을 찾는다 해도 잘 적응할 자신도 없었습니다.

윤석 씨는 이런 기분에서 헤어나기 위해 나름대로 무던히 노력했다고 합니다. 그를 가장 손쉽게 위로하는 것은 컴퓨터 게임이었습니다. 사실 위로라기보다는 도피이지만 한참 게임에 몰두하다 보면 기분이 조금 나아진다는 겁니다. 하지만 그런 남편을 어느 아내가 좋아하겠습니까. 가족과 함께해야 할 시간에 게임에만 빠져 있다며 아내가 잔소리하는 바람에 마음대로 할 수도 없었습니다. 게다가 게임을 끝내고 현실로 돌아올 때의 무거운 느낌, 다시 늘 같은 세상을 마주해야 하는 슬픔은 정말 견디기 힘들다고 했습니다. 그래서 컴퓨터 게임도 시들해졌고, 영화에도 한동안 빠져 있었지만 컴퓨터와 같은 이유로 거리를 두게 되었답니다.

그의 상태는 서른 중반을 넘기면서 조금씩 심해졌다고 합니다. 20대 후반까지만 해도 상태가 이 정도로 나쁘지는 않아서, 기분이 가라앉았다가도 이내 회복되고 빈도도 잦지 않았습니다. 그러나 나이가 들면서 자신이 책임져야 할 사람이 세 명이나 되고, 그 무게감이 언제나 자신의 어깨와 가슴에 올라앉아 있는 것 같았습니다. 그럴수록 자신감은 오히려 쪼그라들었고요. 그렇다고 아내와 아이가 밉거나 싫은 것은 아니랍니다. 다만 사람들로부터 자신의 능력, 생각, 말, 외모가 항상 평가받는 것 같아서 싫을 뿐입니다. 바깥에 나가 사람을 만나지 않을 수만 있다면 정말 좋겠다는 생각을 수도 없이 했답니다. 관계에 대한 부담감이 너무 커서 사람들과 제대로 섞여본 적이 거의 없고, 관계의 괴리감 때문에 자신이 어딘가 부적절한 존재라는 생각을 하게 된다는 겁니다.

윤석 씨의 사례가 좀 심각하긴 하지만, 이와 비슷한 고민을 하는 사람들은 주변에서도 심심치 않게 볼 수 있죠. 지금 당신이 바로 이 고민을 하고 있을지도 모르겠습니다. 다른 사람들의 평가에 과도하게 신경 써서, 여럿이 함께하는 모임이나 회의에서 자기 의견을 말하기는커녕 가벼운 농담조차 못 하는 사람들이 의외로 많습니다. 과도하게 긴장하다 보면 대화의 흐름을 타면서 적절하게 의견을 주고받는 것이 어려울 수밖에 없죠. 얼굴에는 어색한 미소를 머금고 있지만 그것은 가면일 뿐 마음은 불편한 자리를 1분 1초라도 빨리 마치고 싶은 생각뿐이라고 합니다.

이 문제의 본질적인 특징이 뭘까요? 저는 '지질함'이라고 생각합니다. 아, 오해는 없었으면 좋겠습니다. 제가 그들을 지질하게 본다는 것이 아니라 그들 스스로가 자신을 '지질하다' 생각한다는 겁니다. 스스로를 형편없는 존재로 여기는 것이죠. 이들은 왜 스스로를 그렇게 보는 걸까요? 다른 사람들이 신경 쓰이고, 항상 자신의 말이나 행동이 어떻게 비칠까 전전긍긍하는 것은 어떤 두려움 때문일까요?

　윤석 씨도 느꼈듯이, 이들이 두려워하는 것은 '평가받는 것'입니다.

　사람들의 평가가 두렵다는 것은 자신이 형편없는 사람이라는 것을 들킬까 봐 두려운 것 이상도 이하도 아닙니다. 실력이나 능력, 더 나아가 인간 됨됨이까지 타인들로부터 수시로 평가받는다는 생각에 어쩔 줄 모르고, "뭐 그런 핵심에서 벗어나는 말도 안 되는 의견을 말하냐"고 질책당할까 봐 자기 의견조차 제대로 내놓지 못합니다. 농담을 해도 사람들을 웃기지 못하고, 흐름을 타면서 적절하게 재치 있게 말하지 못하고, 그럴 때마다 더 좌절하게 되겠죠. 난 뭘 해도 안 된다고요.

　그런데 사실 문제는 이것보다 좀 더 복잡합니다. '지질하다'는 것을 들킬까 봐 두려워하지만, 정작 자신이 지질하다는 것을 인정하려 들지는 않거든요. 자신의 지질함을 인정하면 정말 '지질한' 존재가 되니까, 자기는 그렇게 생각하지 않으려 무던히 노력합니다. 자신이 가장 신경 쓰지만 남들에게는 들키지 않으려 하니까 복잡하게 마음을 숨길 수밖에 없습니다.

　아이러니하게도 이런 마음고생을 하는 분들을 보면 대부분 정말 '멀쩡한' 사람들입니다. 사회적으로나 경제적으로 기반을 갖추고 있거나, 지적으로나 타인에 대한 배려나 인격 면에서 좋은 분들이 대부분이죠. 그래도 이런 분들이 자신을 '지질하다'고 여기는 것이 어느 정도 타당하다고 생각합니다. 왜냐하면 이들은 어른이 되어서도 자신에 대해 올바로 평가하지 못하고 다른 사람들의 시선에 전전긍긍하기 때문입니다.

하지만 평가의 권위를 타인에게 양도했다고 그들을 무조건 비난할 수는 없습니다. 왜냐하면 그런 성향은 어린 시절의 어떤 경험에서 비롯된 경우가 무척 많기 때문입니다. 즉 주변의 권위 있는 타인에 의해 불가항력으로 주어진 상황 때문이라는 겁니다. 윤석 씨 같은 사람들이 이런 위축감을 계속 느끼는 것은 그때의 상황으로부터 한 발짝도 옮겨가지 못했다는 뜻이기도 합니다.

그렇다면 문제를 해결할 수 있는 답도 나올 수 있지 않을까요. 먼저 자신을 위축되게 했던 최초의 기억을 찾아내야 합니다. 아버지에게 혼난 기억일 수도 있고, 무서운 선생님 때문에 1년 내내 주눅 들어 지냈던 상황일 수도 있습니다. 또는 공부 잘하고 항상 칭찬받던 형제나 누나 동생 때문에 알게 모르게 언제나 비교당하고, 결국 자신이 못나고 형편없다는 평가를 내리게 되는 것처럼 괴로운 환경이 문제일 수도 있습니다.

이런 상황을 다시 떠올리는 것 역시 고통스럽습니다. 하지만 그때의 경험이 어떤 감정들을, 어떤 생각들을 하게 만들었는지 구체적으로, 고스란히 다시 느껴봐야 합니다. 그렇게 그때와 직면해야만 그 감정으로부터 옮겨 나올 수 있습니다. 오랫동안 청소하지 않아 썩은 냄새가 나는 다락방을 치우려면 먼저 다락방에 들어가 먼지를 뒤집어써가며 물건들을 밖으로 다 끄집어내야 합니다. 그런 다음 버릴 것은 버리고 챙길 것은 다시 차곡차곡 정리해야 하지 않습니까? 그러는 과정에서 옛날의 아련한 기억도 떠오를 테죠. 고생 끝에 정리가 끝나고 나면 더 이상 다락방은 퀴퀴한 냄새가 나는 더러운 곳이 아니게 됩니다. 그때부터는 아늑한 다락방多樂房, 즉 여러 가지 즐거움이 있는 공간이 될 수 있을 겁니다.

그때 느꼈던 감정들, 그때 자신에게 내렸던 평가가 무엇인지 정확하고 분명하게 알아내는 과정을 제대로 거치면, 자신을 형편없게 여겼던 것이 얼마나 터무니없고 비합리적인 생각인지 알아차리게 될 것입니다. 자신을 '지질하다'고 생각하게 한 그 경험, 고통의 근원으로 들어가는 것은 모든 성장의 첫걸음이며 가장 추천할 만한 훌륭한 방법입니다.

만약 당신이 윤석 씨와 유사한 고통을 겪고 있다면, 한 가지를 반드시 포기하라고 당부하고 싶습니다. 잘나 보이려고 노력하는 것을 포기하세요. 잘나 보이려 할수록, 아무 문제없는 사람으로 보이려 할수록 자신을 숨기고 과거를 덮으려 할 수밖에 없습니다. 그래서는 과거의 '그 경험'과 직면할 수 없어요.

 이것은 정말 큰 용기가 필요한 포기입니다. 잘나 보이고 싶은 자신을 포기하고 아팠던 과거의 자신 앞에 같이 웅크리고 앉아 못난 자신을 바라보고 위로해주는 시간이 필요합니다. 그렇게 힘든 아이를 위로하는 자신과 자꾸 마주해야 합니다. 그 사람이 바로 우리 안에서 우리 자신을 성장시키는 '어른'이니까요.

부정적 불안을
생산적 불안으로
되돌리는 법

사람들은 불안한 걸 싫어합니다. 저도 물론 그렇고요.

　불안은 대체로 인간이 피하고 싶어 하는 감정이지만, 반면 우리를 위험으로부터 구해준다는 것 또한 엄연한 사실입니다. 실존주의 심리학에서는 우리의 삶을 지켜주는 역할을 하는 불안은 긍정적 불안이라고 합니다. 세 살 된 자녀와 함께 차가 쌩쌩 달리는 도로를 건너는 엄마가 아이의 안전을 걱정하고 차를 무서워하는 것은 아이의 안전을 지키기 위해서는 필수적인 불안입니다. 그렇지 않다면 나쁜 상황이 발생할 가능성이 높아지겠죠. 불안함을 느끼는 엄마는 당연히 아이의 손을 꼭 잡고 도로를 건널 테고, 아이의 입장에서 엄마의 불안은 감사할 일입니다.

불안이 항상 이렇게 긍정적인 역할만 한다면 얼마나 좋을까요. 하지만 어떤 불안이 인간의 삶을 보호해주지도 않고, 인간을 성숙하게 하는 데 보탬도 되지 않으며, 자신과 타인의 생활을 이어나가는 데 불필요한 어려움을 준다면 이는 신경증적 불안^{neurotic anxiety}이 분명합니다. 원래 불안은 인간의 삶을 보호하기 위한 경보용 감정이고 긍정적 보호체계였습니다. 하지만 신경증적 불안은 정상적 불안에서 파생되었으나 인간의 사고와 신념을 교란시키는 불안으로, 나쁘게 변질된 형태입니다.

이 말은 무슨 뜻인가요? 부정적(신경증적) 불안은 긍정적 불안에서 비롯되었다는 뜻이고, 그렇기에 모든 불안은 긍정적 불안, 생산적 불안으로 되돌릴 수 있다는 뜻입니다.

어떻게 되돌릴 수 있는지 알아보기 전에, 먼저 왜 정상적 불안이 신경증적 불안으로 바뀌게 되는지부터 생각해봅시다. 개인적으로 알고 지내던 분이 대학생 딸아이가 어려움을 겪고 있다며 집으로 저녁 초대를 했습니다. 앞에서도 밝혔듯이 이런 초대는 정말 반갑지 않습니다만 가끔씩 피치 못할 때가 있습니다.

20대 초반의 풋풋한, 한눈에도 아름다운 학생이 부모님과 자리에 함께했습니다. 밥을 먹고 나서 차를 마시며 이야기를 들어보니, 가끔씩 귀에서 소리가 들린다는 것입니다.

무릇 증상이 나타나는 것은 사람을 아프게 하려는 목적이 아니라 증상을 통해 우리에게 뭔가를 말하기 위함입니다. 감기 몸살이 실은 우리가 너무 무리해서 지쳐 있다는 메시지를 전달해 강제로라도 쉬게 하듯이 말입니다. 하지만 이렇게 간헐적이나마 환청이 들리는 증상은 무엇을 말하려 하는지 쉽게 알 수가 없습니다. 그럴 때는 주로 언제 그런 증상이 나타나는지를 상세하게 자각해야 합니다.

이 젊은 친구는 시험 때만 되면 불안해져서 그런 증상이 심해진다고 했습니다. 사실 이런 불안은 학생들에게 비교적 흔한 증상입니다. 특정한 상황에서 증상이 심해진다면 문제를 해결하는 것은 그리 어려운 일이 아닙니다. 어떤 소리를 듣는지 물어보았더니 뭔가 자신을 비난하는 듯한 여자들의 목소리라는 것입니다.

인간에게는 터무니없는 일이 일어나지 않습니다. 무엇이든 자신의 과거 경험과 연관되지 않은 일은 없습니다. 그동안 살아오면서 가장 심하게 비난받았던 경험이 무엇이냐고 물었습니다. 그러자 이내 울음을 터트리며 고등학교 2학년 때 친구들로부터 왕따를 당해 놀림과 비난을 받았던 기억이 가장 고통스럽다고 말했습니다. 태어나서 그때처럼 힘들었던 적은 없었다고 했습니다. 고등학교 때 친하던 친구 그룹이 있었는데 그중에서 자기와 은근히 경쟁하던 아이가 공부 자료를 빌려달라는 것을 거절한 이후 그

애가 나머지 친구들을 자기편으로 만들고 자신을 따돌렸다고 합니다.

친했던 친구들이 자신을 따돌리는 것도 힘들었지만, 공부 자료를 빌려주지 않은 자신이 치졸하고 수치스럽기도 했답니다. 왕따의 고통을 이겨내고 오히려 아이들에게 기죽지 않기 위해 공부에 더 매달렸다고 합니다. 공부를 할 때면 친구들이 모여서 자기들끼리 웃고 떠들면서 뒤에서 비아냥거리는 소리를 들어야 했습니다. 그럴수록 더 강박적으로 공부에 매달렸고, 결국 친구들보다 더 좋은 학교에 진학했지만 아이의 인생이 마냥 행복한 것은 아니었습니다. 급기야 공부할 때마다 환청을 듣기 시작했고, 시험이라는 스트레스가 더해지면 증상도 심해졌습니다.

중요한 것은 그때의 사건이 아니라 사건을 겪은 사람의 감정입니다. 이 학생은 어떤 감정을 내려놓지 못했기에 아직도 그 일로 고통을 겪고 있는 것일까요? 그때의 일을 생각할 때마다 느껴지는 가장 핵심적인 감정이 무엇이냐고 묻자, '그 애들한테 져서는 안 된다'는 오기와 분노가 같이 올라온다고 했습니다.

고등학교를 졸업한 지 벌써 몇 해가 지났고, 친구들과 다른 학교를 다니면서도 이 학생은 아직도 고등학교 친구들을 등 뒤에 세워놓고 공부하고 있었던 것입니다. 이 친구가 한시라도 빨리 포기해야 할 것은 무엇이겠습니까? 네, 실재하지 않는 고등학교 친구들과의 경쟁심이었습니다. 사실은 미안함을 품고 있으면서도 사과하지 않고 오히려 더 좋은 성적으로 앙갚음하려 했던 자신의 고집을 버려야 했습니다.

부정적인 불안을 가진 사람들은 불안을 해소하기 위해 더 많은 것을 가지라고 스스로에게 요구합니다. 하지만 더 많이 가진다고 그 불안이 해소될까요? 아뇨. 사람의 욕심에 끝이 없기 때문만은 아닙니다. 불안을 해소하기 위해 더 많이 가지려 하면, 그것을 끝내 못 가지게 될까 봐 또 불안해집니다. 이 학생은 친구에게 지고 싶지 않았고, 공부 자료를 빌려주면 친구가 자기보다 더 좋은 성적을 얻을지도 모른다는 불안 때문에 스스로도 창피한 일을 저질렀습니다. 그러나 만약 자신의 잘못을 빨리 인정하고 친구들에게 사과했다면, 이렇게 오랜 시간 동안 정신적인 고통을 겪지 않았을 수도 있습니다. 공부를 통한 경쟁심이 지독해질수록 정신을 갉아먹는 고통도 심해졌습니다. 이 학생에게 필요한 것은 공부를 더 잘하는 것이 아니라, 오히려 친구에 대한 경쟁심을 포기하는 것이었습니다.

이 학생은 자신의 수치심을 덮기 위해 친구들을 경멸하는 방법을 택했습니다. 공부를 잘하면 자신이 무시당하지 않을 뿐 아니라, 자신이 했던 그 치졸한 행위가 정당화될 수 있으리라 믿은 겁니다. 저는 그 학생에게 친구들과 관계를 복원하는 것과 상관없이 그 일에 대해 친구들에게 사과하는 것이 어떻겠냐고 조언했습니다. 하지만 그건 싫다는 대답이 돌아왔습니다.

만약 그것이 어렵다면 남들을 이겨먹기 위해, 타인들을 경멸하기 위해 하는 공부를 포기하는 것은 어떻겠냐고 다시 물었습니다. 그 친구는 한참을 생각하더니 공부가 곧 경쟁인데 그것을 포기하면 공부를 열심히 하지 않게 될 것 같다고 했습니다. 공부를 포기하면 어떻게 될 것 같으냐고 재차 묻자, 그것마저 포기하면 자신은 아무것도 남지 않을 것 같다고 했습니다. 저는 마지막으로 그 친구에게 조언했습니다. 공부를 포기하라는 것이 아니라 경쟁을 포기하라는 것이라고 말입니다. 그러자 옆에 있던 어머니의 표정이 변하더군요. 경쟁사회에서 경쟁을 포기할 수 있냐고 말입니다.

저는 어머니를 보며 학생이 겪는 증상은 이런 부모에게서 자란 사람에게는 어찌 보면 예견된 결과라는 생각이 들었습니다. 좀 더 얘기를 나누어보니 그 어머니야말로 경쟁과 신분상승에 대해 중독 수준의 불안과 강박을 가지고 있었습니다. 물론 어머니는 아이가 어릴 때부터 자신의 생각을 주입시켰고요.

이 학생의 증상은 처음에 짐작했던 것보다 뿌리가 훨씬 깊겠다는 생각이 들었습니다. 제가 할 수 있는 조언을 몇 가지 했습니다만 그때부터 제 이야기는 어머니의 귀에 들리지 않는 것 같았습니다. 이야기가 너무 길어질 것 같아서 자리를 마무리하고 그 집을 나오면서, 힘들면 전문 상담을 꼭 받아보라고 마지막으로 당부했지만 반응은 시큰둥했습니다. 하긴 그럴 마음이 있었으면 저녁 한 끼로 때우는 상담을 하려고 저를 부르지는 않았겠죠.

제 충고와 달리 그 어머니는 딸에게 아무런 전문적 도움을 받게 하지 않았습니다. 나중에 들어보니 딸은 환청 증상이 심해지고 결국 위험한 행동을 시도하다가 입원을 반복하는 지경이 되었습니다.

왕따는 그 학생의 분열증적인 증상을 촉발시킨 것이지, 그것의 결정적인 원인은 아닐 겁니다. 그보다는 경쟁적인 부모의(최소한 어머니의) 강박적이고 반복적인 강요가 아이를 노트도 빌려주지 않는 척박한 품성으로 내몰았을 겁니다. 아이에게도 오래된 마음의 습관을 거부할 수 있는 순간이 있었겠지만, 결국 불안을 이겨내지 못하고 그만 불안의 노예가 되었습니다.

경쟁에 지배된 이 학생의 내면은 매일매일이 황폐한 전쟁터 같았을 겁니다. 이럴 때조차 마음을 더 강하게 먹고 계속 포기하지 말고 더 경쟁하라고 해야 하나요? '네 마음이 나약하기 때문'이라고 닦달해야 합니까? 하지만 슬프게도 이 세상은 그렇게 말합니다. 특히 부모들은 그렇게 말합니다.

진정한 심리학은 이때 "무엇을 포기해야 할까요?"라고 묻습니다. 아이에게, 그 부모들에게 말입니다. 그러나 우리는 종종 포기해야 할 것을 무시한 채, 쓸데없는 것을 붙잡기 위해 '포기 없는 인생'을 외칩니다.

자녀에게 전이되는 부모의 부정적 불안 사례를 하나 더 이야기해보겠습니다. 이 사례는 두려움과 불안의 궁극적인 원인인 죽음과 직접적으로 잇닿아 있습니다. 우리 마음속 깊이 자리 잡은 죽음에 대한 불안과 두려움은 종종 파괴적인 불안, 즉 신경증적 불안을 야기합니다.

세 살쯤 된 아이를 키우는 엄마가 상담실을 찾아왔습니다. 아이가 밥을 안 먹는 것이 너무나 힘들고 괴롭다는 것입니다. 입이 짧아 밥 먹일 때마다 전쟁을 치른다고 했습니다. 아이가 밥을 잘 먹는 날은 천국이 따로 없고, 밥을 안 먹으면 하루가 지옥 같다고 합니다. 다른 엄마들에게 물어보면 다들 밥 먹이는 일이 어렵긴 하지만 그 때문에 천국과 지옥을 오갈 정도는 아니라고 하던데, 아무래도 자신이 이상한 것 같아 상담실을 찾았다고 합니다. 그 불안이 어느 정도인가 싶어 좀 더 자세히 물어보니, 아이가 밥을 먹지 않으면 세상이 끝날 것처럼 느껴지고 모든 것이 다 엉망이 될 것 같답니다. 분명 보통의 불안은 아닌 것 같았습니다.

상담이 진행될수록 엄마의 불안은 실체를 드러냈습니다. 엄마는 아이와 자신을 너무 심하게 동일시하고 있었습니다. 어린 시절 많이 아팠던 엄마는 여러 차례 생명이 위험할 만큼 심각한 지경이 되었고, 식사를 잘 못해서 링거에 의지한 적도 많았다고 합니다. 언제 죽을지 몰라 항상 불안에 떤 경험이 많았던 것입니다.

위험한 시간을 이겨내고 어른이 되면서 그때의 기억은 희미해졌지만, 불안했던 감정은 여전히 마음 깊은 곳에 살아 있었습니다. 그리고 자신의 생명을 이어줄 아이가 태어났습니다. 젊은 엄마에게 아이는 분신 수준이 아니라 자신의 생명 그 자체였습니다. 아이가 밥을 제대로 먹지 못해 아이에게 어떤 일이 생길지도 모른다는 우려는 자신의 생명이 끝날지도 모른다는 깊디깊은 불안을 일깨웠습니다.

이 엄마가 자신의 삶을 회복하기 위해서는 어떻게 해야 할까요? 네, 자신의 생명에 대한 집착이 불안이 되어 아이에 대한 불안으로 옮겨갔음을 깨달아야 합니다. 엄마는 자신의 삶을 살고, 아이는 자신과 별개의 생명체임을 인정해야 합니다. 더 깊은 차원에서는 아이를 통해 자신의 생명을 이어나가려는 깊은 욕망을 포기해야 합니다.

한 생명이 태어난 순간부터 시간은 죽음을 향해 흘러갑니다. 죽음만큼 두려운 것도 없고, 그래서 죽음만큼 인간을 괴롭혀온 주제도 없습니다.

어느 옛날, 막강한 힘을 가진 왕이 있었다고 합니다. 주변의 모든 나라를 지배하며 원하는 것은 무엇이든 가질 수 있었던 왕도 나이가 들자 불현듯 인생의 서글픔을 느끼며, 도대체 인생이란 무엇인가 하는 의문이 밀려왔습니다. 그는 신하들에게 나라 안팎의 석학들을 총동원해 인생이 무엇인지 알아오라는 명령을 내렸습니다. 당대의 내로라하는 모든 석학이 모여들었습니다. 그들은 왕실에서 제공한 숙소에 머물며 왕이 내린 문제의 답을 찾고자 머리를 싸맸습니다. 인생이 무엇인지 알아내기 위해 노력하기를 몇 년, 그들은 왕에게 설명할 엄청난 양의 보고서를 만들었습니다. 그러나 왕은 신하들이 들고 온 몇 수레에 달하는 문서를 다 읽을 시간이 없으니 줄여오라고 했습니다.

신하들은 다시 문서를 줄이고 줄이기를 거듭해 몇 년 뒤 한 수레 분량으로 줄여왔습니다. 하지만 그사이 늙어버린 왕은 책 한 권을 읽기에도 힘에 부쳤습니다. 다시 그것을 줄여오라는 분부를 내린 왕은 이제 죽음을 맞이할 때가 가까워졌습니다. 그리고 신하들에게 자신은 곧 죽을 것 같으니 인생이 무엇인지를 단 한 줄로 줄여오라고 했습니다. 결국 왕은 죽음 직전에야 신하들이 정리해서 들고 온 한 줄의 정의를 볼 수 있었습니다. 인생이란 무엇인가에 대한 답은 '생로병사'였다고 합니다. 태어나 늙고 병들어 마지막엔 죽음으로 마무리하는 것이 인생이라는 겁니다.

답도 간단하고 인생도 간단합니다. 죽음이 이렇게 간단하게 끝난다면, 또는 죽음을 이렇게 간단하게 받아들일 수 있다면 정말 인생도 간단할 것 같습니다.

저는 종종 사람들에게 죽음이 두렵냐고 물어봅니다. 그러면 많은 사람들이 두렵다고 대답합니다. 하지만 또 적지 않은 사람들은 죽음이 두렵지 않다고 말합니다. 종교적인 믿음이 있거나 개인적 수행을 통해 죽음의 두려움을 극복했다고 합니다. 또는 세상에 미련이 없기 때문에 죽는 게 별로 두렵지 않다고 합니다. 그럴 때면 저는 이렇게 반문합니다.

"오랫동안 아프고 쉽게 죽지 않는다면 어떨까요?"

그러면 어지간한 사람들은 고개를 절레절레 흔들며 두렵다고 말합니다.

사실 죽음 그 자체도 두렵지만 죽음이 서서히 다가온다는 것을 느끼는 순간에 더 큰 두려움을 느낍니다. 어쩌면 죽음을 실감하는, 죽음에 가까워지는 순간들이 죽음 그 자체보다 더 두려울 수 있습니다. 어린 시절 예방접종하러 교실 복도에 길게 줄을 서서 기다릴 때의 긴장처럼 말입니다. 한 명 한 명, 내 앞의 줄이 줄

어들고 차례가 다가올 때 느꼈던 공포처럼, 죽음을 향해 시시각각 다가가는 것이 바로 병들고 늙는 일입니다. 차라리 맨 처음에 주사를 맞고 난 아이가 부럽지 않던가요.

어떤 일을 막상 당하는 것보다 그 일을 당하기 위해 기다리며 느끼는 긴장이 우리를 더 힘들게 하는 것 같습니다. 막상 주사를 맞고 나면 기다리면서 느꼈던 긴장이 쓸데없는 것이었음을 알게 되지만요. 늙는 것, 병드는 것은 죽음이 바로 내 앞에 와서 기다리고 있다는 것을 가장 절실하게 느끼게 해주는 경험들입니다.

그렇다면 이렇게 가정해봅시다. 죽음 그 자체보다 죽음에 대한 두려움과 공포가 없다면 어떨까요?

주삿바늘이 내 팔에 꽂히기 전까지 앞에 다섯 명이 남아 있는 것과 아예 내가 맨 먼저 주사를 맞는 것, 둘 중 어느 것이 더 고통스러운지는 굳이 말하지 않아도 될 것 같습니다.

이야기가 많이 돌아왔습니다만, 앞에서 보았던 두 어머니(환청이 들리는 딸의 어머니와 아이 밥 먹이는 것이 힘든 어머니) 이야기를 이 시점에서 같이 정리해야겠습니다. 딸아이에게 경쟁을 강요했던 어머니는 딸부잣집에서 중간에 끼인 한 명으로 자랐답니다. 밥을 먹을 때나 학교 준비물에 필요한 돈을 부모님에게 받아갈 때나 아침에 옷을 골라 입을 때나 모든 것이 경쟁이었답니다. 그것보다 더 큰 경쟁은 존재감을 드러내는 방식이었는데요, 그 어머니는 공부를 통해 자신의 존재를 드러내고 부모에게 인정받을 수 있었다고 합니다. 자신이 존재감 없는, 여섯 명의 딸 중 한 명에 머물지 않고 '내가 여기 있어요'라고 두각을 나타낼 수 있는 방식이 공부였고, 자매들과의 경쟁에서 이길 수 있는 가장 확실한 방법이 공부였다는 겁니다.

이 오래된 마음의 습관이 자신의 딸에게 전이되는 것은 지독스러울 정도로 자연스러운 일인지도 모릅니다. 왜 지독하다고까지 표현하느냐면요, 자신에게서 딸에게로 '경쟁하는 나'라는 정신적 유전자를 물려줌으로써 자신의 존재를 계속 이어가려는 의도가 읽히기 때문입니다. 그 어머니가 먼저 '경쟁하는 나'를 포기하지 않으면 자녀의 병은 쉽게 낫지 않을 겁니다.

아이가 잘 먹지 않아서 고민인 어머니의 경우도 참 아이러니입니다. 엄마의 불안을 아이들은 동물적으로 감각합니다. 불안해하는 엄마 옆에서 밥이 넘어갈 아이는 많지 않을 겁니다. 만약 그 어머니에게 죽음에 대한 불안이 없다면 아이는 오히려 밥을 더 잘 먹을지도 모릅니다. 자신의 존재 유지에 대한 어머니의 불안이 오히려 아이를 병들게 하고 있는 것입니다.

지금까지 저는 두 어머니와 두 아이를 통해서 불안에 대해 이야기했는데요, 얼핏 상관없어 보이는 이 불안들의 가장 근원은 죽음에 잇닿아 있다고 이야기하고 싶습니다. 죽음이라는 것은 생물학적 죽음이기도 하지만 '비존재' 상태를 포함하고 있기도 합니다. 말 그대로 존재감 없는 상태죠. 외면당하고 무시당할 때 불안해하지 않을 사람은 거의 없습니다.

죽음보다 죽음을 기다리는 순간이 더 고통스러운 이유 중 하나는 주변 사람들로부터 자신의 고통이 외면당하기 때문입니다. 이별의 고통, 실연의 아픔, 재산 손실, 낙방, 탈락 같은 고통은 위로의 대상이 됩니다. 누구나 이런 고통을 겪지만 이 일 때문에 삶이 끝나지는 않습니다. 하지만 죽음은 한 번의 경험으로 모든 것이 끝납니다. 이런 일생일대 최악(?)의 사건은 우리 안에 있는 가장 근본적인 공포감을 자극합니다. 그래서 사람들은 죽음에 대해 언급하는 것조차 꺼립니다. 그만큼 두렵다는 뜻이죠.

독일의 사진작가 발터 셀스는 호스피스 병원에서 죽어가는 환자들을 인터뷰하고 죽기 전과 사망 직후 환자의 사진을 찍어 책으로 출판했습니다. 그중 한 환자의 이야기가 아주 인상적입니다. 그는 병문안을 온 사람들 중 누구도 자신의 죽음에 대해 언급하지 않았음을 비통해했습니다.

"모르겠나, 나는 죽어가고 있단 말이다. 그런데도 그들은 나를 보러 와서 그저 날씨 얘기나 정원에 무슨 꽃을 심을까 따위만 얘기하다 돌아간다. 그들은 내 죽음에는 관심도 없다."

설마 사람들이 죽음에 관심이 없었을까요. 이 환자를 문안 온 친구들은 환자가 죽어가고 있다는 것을 누구보다 잘 알고 있었기에 오히려 그 죽음에 가까이 가려 하지 않았을 겁니다. 아무도 경험해보지 않은 일이라 어떻게 위로해야 할지 모르기도 했을 테고요. 위로할 말이 생각나지 않는다는 것은 그 일에 대한 느낌이 막혀 있다는 뜻이기도 합니다. 상대방의 고통을 내가 어느 정도라도 느끼지 못한 상태에서 적절한 위로의 말을 생각해내기란 참 어려운 일입니다.

무엇보다 누군가 극심한 고통을 겪고 있을수록 사람들은 그 일에 대해 말하기를 꺼리는 법이죠. 다른 사람의 죽음은 자신도 죽을 것이라는 사실을 환기시킵니다. 죽음이라는 두려운 줄서기에서 자신도 예외가 아님을 확인시켜 주는 것입니다. 다섯 번째 줄에 선 아이가 두 번째 줄에 선 아이를 위로하기란 쉽지 않습니다. 그래서 이제 막 죽음의 문턱에 선 사람은 이를 지켜보는 다른 사람들의 두려움 때문에 위로받지 못하고 외면당하게 됩니다.

죽음은 이렇게 모두가 외면하고, 외면당하는 상황을 몰고 옵니다. 내가 다른 사람의 죽음을 느끼려 하지 않았다면, 나의 죽음을 지켜보는 사람들 역시 나의 죽음에 다가오지 않으려 한다는 것을 압니다. 죽음을 눈앞에 둔 사람은 운명적으로 외면당합니다. 죽음보다 먼저 찾아오는 두려움입니다.

이렇게 죽음은 여러 가지 두려움을 몰고 옵니다. 우리는 죽음 그 자체보다 죽음이 몰고 오는 두려움이 우리를 더 괴롭힌다는 사실을 잊지 말아야 합니다. 그러면 차라리 죽음의 실체와 대면할 수 있게 됩니다.

사실 우리 인생에서 경험하는 대부분의 일들은 죽음보다 약한 것들입니다. 죽음보다 더 무겁고 엄중한 사건이 어디 있겠습니까. 죽음에 대한 두려움은 죽음 때문이 아니라 죽음이 몰고 오는 비바람 때문이라는 것을 알면 죽음을 훨씬 더 담담하게 받아들일 수 있습니다. 태풍의 눈에서는 아무 일도 일어나지 않는 것처럼, 어쩌면 죽음 그 자체는 평온할 수도 있지 않을까요.

그런 점에서 누군가의 임종을 지키는 것은 참으로 중요한 '배움'일지도 모릅니다. 저는 제 어머님의 임종을 지키면서 이것이 어머니가 내게 남겨준 가장 중요한 가르침이라는 생각을 했습니다.

죽음에 대한 두려움을 걷어내면 오히려 큰 지혜를 얻을 수도 있습니다. 미국의 예술영화 감독 데이비드 린치가 그랬습니다. 린치가 열 살 무렵 그의 아버지가 이렇게 말했다고 합니다.

"사람은 죽는다. 나도 죽는다. 그리고 너도 죽는다."

그 말을 들은 어린 린치는 큰 충격을 받았고, 그날 이후 죽음에 대한 생각을 멈출 수가 없었다고 합니다. 그리고 서른이 넘은 어느 날, 그는 죽음에 대한 나름의 깨달음을 얻었다고 합니다. 그 이후 그는 영화를 통해 자신의 메시지를 인상적으로 전달하고 있습니다. 삶과 죽음을 넘나드는 독특한 그의 영화세계는 죽음에 대한 깊은 성찰 없이는 불가능했을 것입니다. 그가 만든 영화 〈스트레이트 스토리Straight Story〉를 보면 죽음을 앞둔 시간의 풍경을 너무나 담담하게 그리고 있습니다. 죽음을 향해 나아가고 있다는 것을 알지만 여전히 삶에서 해결해야 할 문제를 놓치지 않는 한 인간의 모습을 만날 수 있습니다.

'우리는 모두 죽는다'는 이 단순하고도 당연한 사실을 제대로 받아들인다면 우리는 많은 불안으로부터 담담해질 수 있을 것입니다.

선택이
힘든 것이 아니라
손해 보기 싫은 것입니다

삶은 선택과 결정의 연속이라고 하죠. 가만히 생각해보면 우리는 하루에도 몇 번씩 선택을 해야 합니다. 냉장고를 사거나 차를 구입할 때처럼 어떤 것을 택할지가 비교적 간단한 결정도 있습니다. 가격과 유지비와 취향을 고려하면 한나절 정도에 결정할 수도 있는 문제입니다.

하지만 삶의 모습과 내용을 변화시킬 정도로 중요한 선택은 쉽사리 결정을 내리지 못할 때가 많죠. 어려운 선택일수록 포기해야 할 어느 하나가 가진 장점이나 가능성의 크기를 가늠하기 어렵습니다. 그리고 포기의 물망에 오른 그 선택지가 제공해줄 수도 있는 이득을 생각하면 머릿속이 더 복잡해지죠.

사실 많은 것들을 선택할 수 있는 환경에 산다는 것은 우리에게 그만큼의 자유가 주어졌다는 뜻이기도 합니다. 하지만 이 자유 때문에 인간의 삶이 더 부자유스러워지는 경우도 종종 있습니다. 그래서 인간은 자유를 원한다고 말하지만 실제로는 누군가가 알아서 결정해주기를 바라기도 합니다. 자유라는 것이 주는 불안도 만만치 않아서 무조건 칭송만 하기 어려운 가치인 것도 사실이고요.

상담실에서 만나는 내담자들에게 주어진 선택의 경우는 대개 삶의 흐름을 전향적으로 바꾸게 할 중요한 결정이기 때문에, 결정의 당사자나 그를 돕는 상담자도 지혜의 신에게 기도하는 마음이 됩니다. 그중에서도 아주 곤혹스러운 선택의 순간들이 있는데요, 예를 들면 이혼을 심각하게 고려하는 경우입니다.

정희 씨는 십수 년간 남편의 폭력에 시달려왔습니다. 남편은 유복한 가정에서 자랐고 별다른 어려움 없이 대학을 졸업하고 직장을 잡았던 사람이었습니다. 그에 반해 정희 씨는 가난한 집안의 장녀로 태어나 어렵게 동생들을 건사하면서 상업고등학교를 나와 취직했습니다. 직장에서 만난 두 사람은 연애를 시작했고, 남자 집안의 반대를 무릅쓰고 결혼을 했습니다.

결혼하고 생활이 안정되자 정희 씨는 동생들 뒷바라지 때문에 하지 못했던 공부를 시작했습니다. 남편은 약간 마뜩잖아했지만 격렬하게 반대하지도 않았습니다. 정희 씨는 등록금까지 남편에게 손 벌리기 미안해서 아이를 키우는 와중에도 악착같이 공부해 장학금을 받을 정도로 좋은 성적을 유지했습니다. 학교를 빨리 마치기 위해 여름학기까지 챙겨 들었고, 결국 우수한 성적으로 남들보다 빨리 대학을 졸업했답니다.

그새 아이는 어린이집에 보내도 될 만큼 컸고, 아이는 하나만 낳자는 남편의 의견에 따라 더 이상 출산의 부담도 없었습니다. 정희 씨는 공부를 더 하고 싶어서 대학원에 진학하려고 남편에게 조심스럽게 의견을 물었습니다. 지도교수도 지금까지 노력한 것이 아까우니 공부를 더 하면 좋겠다고 격려했다고 남편에게 전했습니다. 그때까지만 해도 남편은 절대로 안 된다고 반대하지는 않았답니다.

공부 자체는 힘들지 않았습니다. 하지만 결혼 초기부터 보이던 남편의 문제가 점점 더 심각하게 변하기 시작했습니다. 결혼 초기에도 남편은 술에 취하면 욕설을 하거나 물건을 부수곤 했는데, 시간이 지나면서 남편의 술주정은 폭력 수준이 되었고, 세상에 대한 증오를 무섭게 쏟아냈습니다. 남편은 직장에서 겪는 일을 너무 힘들어했고, 자신을 힘들게 하는 사람들에게 분노했습니다.

큰 좌절을 겪지 않으며 곱게 잘 자라온 남편에게 직장과 세상이 주는 스트레스는 감당하기 힘든 것 같았습니다. 모든 사람들이 그를 화나게 만든다고 했습니다. 그런 이유(?)로 점점 그의 행동은 폭력적으로 변해서 급기야 정희 씨를 때리는 지경에까지 이르렀습니다. 처음에는 뺨 한 대였다가 점점 강도도, 횟수도 강해지고 빈번해졌답니다.

폭력을 휘두른 남편은 처음에는 술이 깨면 손이 발이 되도록 빌었습니다. 앞으로는 절대 그런 일이 없을 거라며 자발적으로 각서를 쓰기도 했답니다. 폭력을 행사한 다음 날이면 퇴근길에 꽃다발을 사오고, 선물을 사오고, 정희 씨의 화를 풀어주기 위해 이벤트도 했습니다. 그런 남편의 행동을 보면서 처음에는 정희 씨도 자신이 공부한다고 직장 일에 지친 남편을 잘 돌보지 못해서 그런 것이라 반성하기도 했답니다. 어려운 집안에서 자란 자기를 받아주고 공부까지 지지해주는 남편에게 잘하지 못해서 그런 것이라고, 오히려 미안해할 때도 있었답니다. 남편이 사오는 선물과 꽃다발을 받으면 금세 마음이 풀어지면서 둘 사이가 더 가까워지고 남편이 더 살뜰하게 느껴지기도 했답니다.

하지만 정희 씨가 석사학위를 받을 무렵부터 남편의 폭력은 거의 정기적인 행사가 되었습니다. 그리고 더 이상 자신의 폭력에 대해 반성하거나 미안해하지도 않게 되었습니다. 자신이 힘들어하는 것을 모두 아내 탓으로 돌리기 시작했고, 세상과 직장에 대한 분노는 끝이 없었습니다. 하지만 놀랍게도, 어쩌다가 직장 동료들에게서 듣게 되는 남편의 모습은 조용하고 얌전하기 짝이 없는 사람이었습니다. 아무도 그 남자가 아내에게 폭력을 휘두를 것이라고는 상상도 하지 못하는 듯했습니다.

남편의 폭력이 심해질수록 정희 씨에게는 삶의 돌파구가 필요했습니다. 그것은 그녀가 가장 잘할 수 있고 인정받을 수 있는 공부였죠. 하지만 박사과정에 진학하면서부터 남편은 아내의 공부를 방해하기 시작했습니다. 어느 날은 술에 취해 들어와 아내의 교재를 모두 찢어버리며 폭력을 휘두르기도 했습니다. 다음 날 학과에서 전체 발표회가 있던 정희 씨는 제발 얼굴만은 때리지 말아달라며 얼굴을 감싸 안고 모진 매를 견딘 적도 있다고 했습니다.

남편의 술버릇과 폭력을 고치기 위해 정희 씨는 할 수 있는 방법을 다 해보았지만 남편의 음주 정도는 알코올의존을 넘어 중독 수준에까지 이르렀고, 전문가의 도움을 받지 않으면 어찌할 수 없는 지경이 됐습니다. 남편에게 입원을 권해봤지만 돌아오는 것은 욕설과 폭력이었습니다. 남편은 술 때문에 직장에서도 계속 실수를 저질러 신임을 잃어갔고, 결국 정희 씨가 박사과정을 마칠 무렵 권고사직을 당해 실직자가 되었습니다.

시댁에서는 여자 하나 잘못 들어와 그렇게 번듯하던 아들을 잡았다고, 정희 씨를 죽일 년 취급했답니다. 친정 또한 그녀가 의지할 수 있는 곳이 아니었습니다. 아들만 감싸고도는 친정어머니와 이미 오래전부터 무능력한 아버지, 아이들 학원비도 댈 수 없을 만큼 가난한 동생네 가족, 그 누구에게도 정희 씨의 속내를 털어낼 수 없었습니다.

고난 중에도 좋은 일은 있었습니다. 그녀는 박사학위를 받고 운 좋게도 바로 수도권의 작은 대학에 전임 자리를 얻었습니다. 박사공부를 하며 시간강사를 나가던 학교에 마침 자리가 났고, 열심히 하던 그녀를 좋게 본 학과 교수들이 그녀를 전임으로 임용한 것입니다.

이때부터 남편은 집에서 술 마시고 세상을 욕하는 일로 하루하루를 탕진했고, 정희 씨는 첫 직장에서 자리 잡기 위해, 아이를 돌보고 알코올 중독 남편의 폭력을 견디며 하루하루를 지옥같이 살아냈습니다. 그러나 상습적인 남편의 폭력을 견디느라 몸은 만신창이가 되었고, 그런 삶을 지내면서 어느덧 마흔을 맞이했습니다.

상담실을 찾아올 때까지 그녀는 자신이 겪는 고통을 누구에게도 말하지 않았다고 했습니다. 이 세상 그 누구도, 남편을 제외하고는 아무도 자신이 어떤 폭력 속에 사는지 알지 못한다고 했습니다. 심지어 아이가 알까 봐 남편이 자신을 때릴라 치면 아이가 모르게 때려달라고 사정하기도 한답니다. 그런데 요즘 들어 한 번도 생각해보지 않았던 '이혼'을 떠올리게 되었고, 그런 생각을 하는 자신이 너무 싫고 이혼이라는 것이 너무 두려워 어찌할 바를 모르겠다고 했습니다.

상담은 정말 어렵게 진행되었습니다. 우리는 무엇이 더 나은 결과인가를 기준으로 결정할 수도 있지만, 때로는 무엇이 덜 고통스러운가를 기준으로 선택하기도 해야 합니다. 문제는 그녀 자신에게 있었습니다. 어떤 결정을 내리더라도 그녀는 똑같이 고통스러울 것이라고 했습니다.

이혼하는 것 역시 남편과 같이 사는 것만큼이나 두렵다고 했습니다. 무엇이 두렵냐는 질문에 그녀는 '이혼녀'라는 낙인이 찍히는 것이라고 했습니다. 그리고 이혼하면 지금의 자기를 있게 한 남편을 버리는 것이고, 그것은 인간으로서 할 짓이 아니라는 것이 또 하나의 이유였습니다. 게다가 남편은 이제 병까지 들었는데 그 사람을 버리면 어떻게 되느냐고 반문했습니다.

또 한 가지 이유는, 역시 아이였습니다. 아이에게 아버지는 꼭 필요한 존재 아니냐는 것이죠. 아무리 세상이 달라졌다고 하지만 여전히 이혼 가정의 아이에게 좋은 시선을 보내지 않는 사람들이 있는데 아이가 그걸 경험하게 하고 싶지는 않다고 했습니다.

이 세 가지가 어느 것도 더하고 덜할 것 없이 이혼을 결정하지 못하게 하는 이유라고 했습니다.

하지만 그럼에도 이혼을 생각하게 된 이유가 있겠지요. 정희 씨는 '이제는 지쳤다'고 했습니다. 아이도 자라면서 아빠가 엄마를 때리는 것을 눈치 챈 것 같고, 그런 날이면 잠자리에 오줌을 지려 놓기도 한다고 했습니다. 안 그래도 술 취한 아빠를 극도로 무서워하는데, 무엇보다 참기 힘든 것은 남편이 아이에게도 점점 폭력성을 드러낸다는 것입니다. 다른 것은 몰라도 아이까지 때리면 정말 자신은 참지 않을 것이라고 했습니다.

가끔씩 언론에서 오랫동안 남편의 폭력을 견뎌오던 아내가 남편을 칼로 찔렀다는 뉴스를 접할 때가 있죠. 저는 정희 씨에게도 그런 비극이 일어나지 않으리라는 보장이 없다고 생각했습니다. 그러니 이 상황으로부터 벗어나기 위해서는 가능한 한 현명한 선택을 해야 했습니다. 하지만 문제는 그녀가 그 어떤 결정도 내리지 못하고 있다는 것이었습니다. 물론 그녀가 이혼하지 않으려는 이유가 수긍되지 않는 것은 아니었습니다. 그녀의 입장에서는 세 가지 이유 모두가 타당했습니다. 하지만 남편의 폭력을 지금처럼 참고 사는 것이 올바른 일이 아님도 분명했습니다.

정희 씨와는 다른 이유로, 그러나 역시 선택의 난감함에 처한 한 남성이 상담실을 찾았습니다. 정균 씨는 50대 초반의 대기업 임원급으로 아내와의 사이에 아들과 딸을 한 명씩 두었습니다.

어느 날 그는 아내가 다른 남자와 혼외관계를 맺고 있다는 것을 알게 되었습니다. 한밤중에 자다가 눈을 떠보니 아내가 보이지 않아서 집 안을 둘러보았으나 아내는 없었고, 휴대폰으로 전화해도 받지 않더라는 겁니다. 결국 새벽 5시가 다 되어서야 아내가 들어왔고, 거실에서 기다리던 그는 아내를 다그쳐 모든 사실을 듣게 되었습니다. 아내의 고백을 듣고 정균 씨는 이성을 잃고 부엌에서 칼을 들고 오기까지 했으나 잠에서 깬 아이들이 뛰쳐나와 말린 덕에 나쁜 일은 벌어지지 않았습니다.

그날부터 정균 씨의 삶은 엉망이 되었습니다. 업무 능력이 뛰어난 그는 회사를 여러 번 위기에서 구해내 오너의 신뢰를 한 몸에 받던 터였습니다. 그런 그가 끊었던 담배를 다시 피우기 시작했고 가뜩이나 많이 마시던 술은 거의 매일 폭음 수준에 이르렀습니다. 회사생활도 당연히 엉망이 되었죠.

집에서는 오죽했을까요. 술에 취해 들어오면 아내에 대한 분노로 이성을 잃고 온갖 폭언과 모욕적인 말을 해대고 아이들이 있건 없건 망가진 모습을 보였습니다. 정균 씨의 본가 형제들이 매일 찾아와서 그를 돌보고 진정시키려 했는데, 술이 깨면 이성적으로 아내와 이혼할 것인지 서로 노력하면서 다시 살아볼 것인지 비교적 차분히 이야기했지만, 술만 마시면 전혀 다른 사람이 되었습니다.

아내는 처음에는 자포자기의 심정으로 순순히 털어놓았고, 아이들 볼 면목도 없고 점점 이성을 찾아 자신의 행동을 되돌아보며 깊이 후회한다고 했습니다. 그리고 남편과의 관계를 다시 회복하려고 노력했습니다. 만나던 남자는 남편에게 탄로 났다는 것을 알고는 꽁무니를 빼버렸다네요. 그녀는 배신감과 더불어 그런 남자에게 혼을 뺏긴 자신이 밉기도 했습니다. 그래서 남편에게 더 미안해하기도 했고요.

그러나 잘해보려는 마음이 굴뚝같다가도 남편이 술만 취하면 아이들 앞에서 온갖 모욕적인 말을 하고 폭력적인 행동을 하는데 질려서 이제는 아내도 남편과의 이혼이나 별거를 원하고 있었습니다.

정균 씨는 아내와 이혼하지도 못하겠고 그렇다고 같이 사는 것도 끔찍한 이 상황을 어떻게든 해결하고자 상담을 받으러 왔습니다. 이혼을 하든 하지 않든 도대체 뭐가 잘못된 것인지 혼란스럽기 짝이 없다고 호소했습니다. 정균 씨는 자신이 회사 일에 열중하느라 가족을 잘 돌보지 못했고, 아내와 시간을 충분히 가지지 못했으며 집안일을 자기 뜻대로만 해온 것은 인정했습니다. 하지만 가족들이 잘 살고 경제적으로 풍족하게 지내기 위해 자신의 역할을 충분히 잘해왔고, 그러느라 가족에게 소홀해질 수밖에 없었다고 항변했습니다. 자신의 노력으로 가족들은 가지고 싶은 것은 다 가질 만큼 풍족하게 살아왔지 않냐는 겁니다.

아내가 직장생활을 한 것도 자신이 원해서였지, 경제적으로는 맞벌이를 해야 할 이유가 하나도 없었다고 했습니다. 사실 그는 아내가 가정에서 집안일과 자신에게 더 신경 써주기를 바랐지만 아내는 자기가 원하는 것을 다 하고 살았답니다. 그런데 왜 남자인 자신도 한 적이 없는 외도를 했는지 이해할 수가 없다고 했습니다.

정균 씨 본가의 가족들은 이혼을 하든 계속 살든 아들이 더이상 상처받지 않는 것이 좋고, 며느리도 그럴 바에야 차라리 새삶을 사는 것이 나을 수 있다는 입장이었습니다. 그런데 정균 씨가 이혼을 결정하지 못하는 이유는 무엇일까요? 일단 아이들에게 온전한 가정을 제공하고 싶은 것이고, 또 이혼한다고 해서 더나은 삶을 살게 될지 자신이 없다고 했습니다. 다시 어떤 여자를 만나더라도 똑같은 상처를 받을 가능성이 있고, 그런 상처를 또받는다면 차라리 죽어버리는 게 낫겠다고 했습니다.

정균 씨가 이혼이 두려운 이유는 앞으로 혼자 살아가는 것에 자신이 없고, 설사 다른 여자를 만난다고 해서 그 여성이 아내처럼 그러지 않으리라는 보장이 없지 않은가라는 불안이 컸기 때문이었습니다.

정희 씨에게도 정균 씨에게도 어렵고도 난감하기 짝이 없는 선택지가 주어졌습니다. 두 사람 모두 결혼생활을 유지할 자유도 있고, 이혼을 선택할 자유도 있습니다. 이처럼 우리 앞에 선택이라는 행위로 다가오는 자유의 본질은 두려운 것입니다.

어떤 일을 할 수 있다는 것은, 그것을 제외한 다른 일은 할 수 없게 되는 것인 경우가 많습니다. 어떤 선택은 더 나은 것을 고르기보다는 더 힘든 것을 버리는 것일 때도 있습니다. 예컨대 상담 현장에서나 주변 분들에게 듣는 부부관계의 어려움을 보면 이혼 결정과 관련된 것들이 대부분이고, 그런 그들이 가장 많이 하는 말이 '아이 때문에 못 헤어진다'는 것입니다. 아이만 없으면 지금 당장이라도 이혼하겠다는 경우가 대부분입니다. 그만큼 차악次惡을 고르는 것은 힘든 일입니다.

그런데 말이죠. 제가 경험한 진실을 알려드릴까요. 그들은 아이들이 없어도 이혼하지 못할 사람들입니다. 그들은 사실 자신들이 짊어져야 할 책임을 아이들에게 전가하고 있는 것입니다.

"내가 너만 아니었으면 벌써 네 아빠(엄마)하고 헤어졌다."

당신은 어릴 적에 부모님들이 이런 말 하는 것을 들은 적 없으신가요? 지금도 많은 부모들이 하는 말입니다. 얼마나 많은 자식들이 이 말이 준 상처를 간직하고 사는지 그들은 모르는 것 같습니다. "너 때문에 내가 너희 아빠(엄마)하고 헤어지지 못하고 이 고생을 하고 산다." 참 많은 사람들이 부모의 이 말에 깊은 상처를 받습니다.

선택의 그림자는 '책임'입니다. 선택은 자유라는 즐거움을 주지만 그것은 책임을 항상 동반하죠. 그렇지 않으면 방종이 되고요. 중학교 도덕시간이나 고등학교 윤리시간에 자유와 방종의 차이에 대해 배웠을 겁니다. 진정한 자유는 진정한 책임인 것입니다.

스피노자는 이런 얘기를 했습니다. "진정으로 자유로운 사람만이 감사함을 느낄 수 있다." 저는 이 말을 곰곰이 생각해보다가 '자유롭지 못한 조건에서 느끼는 감사함은 일종의 거래행위일 뿐'이라고 이해하게 되었습니다.

우리의 삶을 보십시오. 우리는 사실 너무나 자주 '사랑'이라는 명분을 내걸고 '거래행위'를 합니다. '내가 너를 이렇게 사랑해서 희생하니까, 너는 나에게 이렇게 해주고 우리는 서로 감사하자.' 실상 이런 거래행위가 우리 삶의 대부분을 채운다고 해도 과언이 아닙니다.

알코올 중독인 데다 무지막지한 폭력까지 휘두르는 남편이라도 있으면 이혼녀 딱지를 붙이지 않고 살 수 있죠. 또 거기에는 자녀에게 '부모를 갖춘 가정'을 제공한다는 이유도 있습니다. 자녀가 원하는지 아닌지도 모르면서 자녀를 그 거래행위에 집어넣습니다. 아버지가 없어서 당하는 차별이나 설움을 겪지 않게 하고 싶다고 했지만, 사실은 그런 고통을 겪는 아이를 바라보는 정희 씨 스스로가 두렵고 감당할 자신이 없다고 말하는 게 더 정확할 겁니다.

정균 씨도 그랬습니다. 내가 풍족하게 당신(아내)에게 물질을 베풀 것이니 당신은 오직 나를 위해 희생하고 나만 바라보면서 가정을 지켜야 한다는 거래행위 말입니다. 사랑이라는 명분으로 상대를 복속시키려는 거래행위는 이런 비극을 만들어내기도 합니다. 사실 우리 사회의 많은 가정들이 정희 씨나 정균 씨네처럼 극단적이지는 않더라도 일정한 거래행위를 통해 각자의 비극을 만들어내고 고통 받고 있는 것 같습니다.

정희 씨나 정균 씨 모두 고통의 원인, 좀 더 엄밀히 말해 고통이 지속되는 이유는 다르지 않습니다. 자신의 선택에 책임지지 않으려 하기 때문입니다. 그들이 느끼는 고통의 핵심을 짚어내자면 '혼자 살기에 대한 두려움'입니다. 아직 경험하지도 못했으면서 혼자 산다는 생각만 해도 두려운 겁니다. 이는 혼자 살면서 겪게 될 모든 것들을 자기 스스로 책임지는 데 대한 두려움이기도 합니다.

"의존으로 관계를 지속하려는 것은, 한쪽 날개밖에 없는 두 마리의 새가 서로를 끌어안고 날아오르겠다고 버둥거리는 것과 같다."

실존주의 심리학자 어빈 얄롬이 한 말입니다. 쉽사리 선택하지 못하는 우리의 모습을 잘 그려낸 말이 아닌가 싶습니다.

사실 정희 씨는 알코올 중독의 폭력 남편에게 의존하고 있는 겁니다. 정균 씨도 옆에 잠든 남편을 두고 외도한 아내에게 의존하는 자신을 거두어들이지 못해 괴로운 것이고요.

이 상황을 칼로 무 자르듯 싹둑 자르는 것이 누군들 쉽겠습니까. 배우자의 외도나 결정적인 실수를 보고도 쉽게 이혼하지 못하는 것은 어찌 보면 인간의 자연스러운 반응인지 모릅니다. 그동안 함께 살아온 정과 생활의 관성이라는 것이 있지 않습니까. 그리고 무엇보다, 헤어진 다음의 인생이 반드시 좋으리라는 보장도 없고요.

제가 정말 하고 싶은 말은 이겁니다. 헤어지건 계속 같이 살건, 그 선택을 하는 것은 나중의 문제라고 말입니다. 두 사람의 관계에 숨은 그림자를 밝혀내고, 부부관계라는 이름으로 자신이 행한 거래가 무엇인지 자각하고, 또 그것을 인정하고, 앞으로 자신이 책임질 것이 무엇인지 분명히 알지 않으면, 단순히 헤어지거나 같이 머무는 것은 아무 의미도 없다는 겁니다. 그 의미를 분명히 알고 나면 이혼이냐 아니냐의 문제는 생각보다 덜 심각할 수도 있습니다.

자, 정희 씨와 정균 씨는 어떻게 되었을까요? 그 두 분의 결정이 어떠했는지는 당신의 상상에 맡기겠습니다. 그 결정이 중요한 것은 아니라고 말씀드렸죠. 만약 당신이 정희 씨, 또는 정균 씨라면 어떻게 했을까요? 인생에서 부딪힐 수 있는 가장 힘든 결정 중 하나를 연습문제로 내드립니다.

힌트를 하나 드릴까요.

혼자서도 잘 살 수 있는 사람만이 둘이서도 잘 살 수 있습니다.

관계에 여전히 서툴고 상처 받는다면

공생관계 중독 :
너는 왜
나와 같지 않은가?

관계.

우리 삶의 고통의 가장 큰 원인은 어쩌면 관계인지도 모르겠습니다. 부모 자식 관계일 수도 있고, 부부관계일 수도, 친구 또는 연인과의 관계일 수도 있습니다. 소영 씨도 관계의 고통 때문에 상담실을 찾았습니다.

소영 씨는 소개팅으로 만난 남자가 처음부터 좋았다고 합니다. 남자는 안정된 직장에서 능력을 인정받는 사람이었습니다. 소영 씨는 그에게서 푸근함과 든든함을 느꼈습니다. 만남을 더할수록 상대가 더 좋아졌고, 더 자주 보고 싶었지요. 사랑에 빠진 사람이 그런 것처럼 그와 많은 것을 나누고, 늘 곁에 있으면 좋겠다고 생각했습니다.

그런데 남자는 소영 씨와 다른 지방에 살고 있어서 자주 만나기 쉽지 않았습니다. 소영 씨는 남자가 더 친밀하게 자신을 대하고 정서적으로 더 가까워지길 바랐지만, 자신이 원하는 만큼 해주지 않는 것 같아 늘 섭섭했습니다. 그래서 교제가 진행될수록 다툼도 잦아졌고 남자에게 실망하는 일도 많아졌죠.

그러던 어느 날 소영 씨는 다툼 끝에 남자에게 왜 자신을 소홀히 대하냐며 그만 만나자고 했습니다. 그러나 정말로 그와 헤어지겠다고 생각한 것은 아닙니다. 곧 자신의 결별 선언을 후회했고, 남자에게 잘못을 빌며 다시 만나자고 연락했다고 합니다. 남자는 마지못해 동의했고요.

하지만 소영 씨는 여전히 자신이 원하는 만큼 친밀감을 느끼지 못했고, 전보다 더 자주 분노를 표현하게 되었습니다. 남자가 바빠서 연락을 못하면 그렇게 죽을 만큼 바쁘냐며 다그쳤고, 문자에 답신이 없거나 전화를 안 받으면 몇 번이나 문자를 보내거나 쉴 새 없이 전화를 해서 남자를 지치게 만들었습니다. 남자는 그녀를 부담스럽게 느끼기 시작했고, 관계는 점점 더 악화되었습니다.

소영 씨의 불만은 자신이 남자를 좋아하는 만큼 그도 자신을 좋아하는 것 같지 않다는 것이었습니다. 그 사실이 너무 화가 나고 참을 수 없을 만큼 힘들었습니다. 자신은 남자를 위해 모든 것을 다 해주는데 그는 그렇지 않은 것 같았습니다. 그렇게 관계가 나빠진 상태가 지속되다 결국 남자 쪽에서 먼저 결별을 선언하고 말았습니다. 소영 씨는 큰 충격을 받았습니다. 절망감과 분노를 이기지 못하고 남자에게 끊임없이 전화하고 문자를 보내고 집과 직장까지 찾아가서 만나달라고 했습니다. 그러나 남자는 소영 씨를 만나주지 않았고, 결국 소영 씨는 식음을 전폐하고 두문불출하며 실연의 아픔에 고통스러워했습니다.

대학생인 지현 씨도 남자친구와 관계에서 어려움을 겪고 있습니다. 지현 씨는 남자친구를 사귈 때 처음에는 시큰둥하게 대하는 편이라고 했습니다. 많은 여성들이 그런 것처럼 좋아하는 내색을 하지 않고 상대방이 자신의 감정을 잘 느끼지 못하게 하는 편입니다. 심지어 상대가 먼저 고백해서 사귀게 되어도 처음에는 시큰둥하게 굽니다. 상대가 자신을 정말 좋아하는지 아직 확실하지 않다고 생각하기 때문입니다.

그러다 상대가 자신을 많이 좋아한다는 것이 확연히 느껴지고 관계가 확실해지면 이전과는 전혀 다르게 애정공세를 펼친다고 합니다. 시도 때도 없이 문자로 감정을 확인하고 하루에도 몇 번이나 전화를 합니다. 만약 상대가 문자에 제때 답을 하지 않거나 전화를 못 받는 일이 생기면 화를 내며 금세 헤어지자고 결별선언을 던집니다. 트위터에 죽고 싶다는 말을 남기거나 연락을 끊고 남자친구가 집에 찾아와도 만나주지 않는 식으로 걱정하게 만들기도 했습니다. 우여곡절 끝에 남자친구와 다시 만나게 되지만, 얼마 지나지 않아 헤어지고 맙니다. 지현 씨에게 다른 남자친구가 생긴 것이지요.

소영 씨와 지현 씨의 이야기는 현상적으로 달라 보이지만 본질적으로는 비슷한 면이 많습니다. 두 사람 모두 상대방이 나를 정말 사랑하는지, 내가 좋아하는 만큼 그도 나를 좋아하는지 불안해하고 그것을 끊임없이 확인받으려 한다는 것입니다. 그래서 상대방에게 매달리고 상대가 자신 때문에 힘들어하거나 지친 기색을 보이면 먼저 상대를 차버리고 맙니다. 이들은 절교선언을 쉽게 하는데, 진짜로 헤어지겠다는 것이라기보다는 불안함의 표시이기도 하고, 상대에게 관심 받고 싶다는 표현이기도 합니다.

이들의 에너지는 놀랄 정도입니다. 말 그대로 중간이 없습니다. 마음에 드는 사람이 있으면 순식간에 빠져들어 그 사람과 모든 것을 함께하며 일체감을 느끼고 싶어 합니다. 반면 그 사람이 너무 좋은 나머지, 만약 내 마음대로 안 되면 걷잡을 수 없이 분노하고 파멸시키고 싶다는 생각마저 합니다. 상대는 고갈되는 느낌을 가질 수밖에 없겠지요. 그러나 만약 자신의 집착 때문에 상대방이 떠나려 하거나 그럴 기미가 보이면 자기파괴적인 행동이나 협박도 불사하며 어떻게든 관계가 깨지지 않게 하려고 애씁니다.

누구에게나 실연의 아픔이 있고 아픈 만큼 성장한다고 말하지만, 소영 씨나 지현 씨 같은 사람은 연애할 때마다 늘 같은 방식을 되풀이하다 관계를 그르치고 만다는 데 문제가 있습니다. A라는 사람이 B와 만나면 C라는 방식의 연애를 하고, D라는 사람과 만나면 또 다른 E라는 형태의 관계를 맺을 수도 있을 텐데, 이들은 어떤 사람과 만나든 늘 같은 방식으로 시작하고 같은 결과로 끝이 납니다.

같은 문제로 계속 고통 받는다면 보통 심각한 문제가 아니겠죠. 더 큰 문제는 같은 패턴의 관계와 실패를 반복하면서 점점 더 자기파괴적으로 변해간다는 것입니다. 연애가 실패할 때마다 나는 왜 이럴까, 만나는 사람마다 왜 이럴까, 자책하고 또는 상대를 미워하면서 점점 인간에 대한 신뢰 자체가 없어지고 사람 만나는 것이 두려워지게 됩니다.

연애를 하면서 상대에게 집착하는 것이 사실 그리 나쁜 일은 아닙니다. 연인관계라는 특성상 어느 정도 불가피한 현상이기도 하고요. 그런데 그 집착 때문에 자신은 물론 상대방을 고통스럽게 한다면 문제가 될 수밖에 없지요. 문제의 원인이 소영 씨와 지현 씨에게 있는 것이라면, 그들의 집착은 어디로부터 연유하는 것일까요.

이들의 문제를 단순히 연애문제로만 치부할 수는 없습니다. 한 여성과 한 남성의 문제라고만 볼 수 없다는 것입니다. 두 여성은 반복적으로 관계의 패턴을 보여줍니다. 그리고 이는 두 사람이 지나온 삶의 과정과 어떤 결핍의 역사에서 비롯되었을 가능성이 높습니다.

먼저 소영 씨에 대해 이야기해보지요. 소영 씨는 2남 1녀 중 장녀로 태어났다고 합니다. 어릴 때부터 아버지는 직업상 자주 집을 비웠고, 소영 씨는 어머니를 도와 집안일을 하고 동생을 돌봐야 했습니다. 어머니는 삼남매를 거두면서 아버지의 부족한 수입을 보충하기 위해 바깥에서 일을 하셨거든요.

어머니는 힘든 삶을 지탱하면서 자기 감정의 힘든 부분을 장녀인 소영 씨에게 하소연했습니다. 소영 씨는 그런 어머니를 보며 많이 안타깝고 불쌍하게 여겼겠지요. 아버지는 열심히 노력했지만 돈을 많이 벌지 못했고, 결국 무능한 아버지로 남았다고 합니다.

이런 상황에서 소영 씨는 어머니와 자신을 운명공동체로 여기게 됩니다. 이런 관계를 '공생관계'라 합니다. 삼쌍둥이처럼 정신이 동체화同體化된 상태라고 할까요. 이는 동일시보다 더한 것입니다. 두 사람의 감정적, 정서적 사이클이 같아야 한다고 느끼는 것이니까요. 엄마가 기쁘면 나도 기쁘고, 엄마가 기분이 나쁘면 같이 나빠야 한다는 식입니다. 그렇지 않으면 무언가 이상하고 엄마에게 죄책감이 듭니다. 그래서 늘 엄마의 기분에 맞춰야 하고, 그렇지 않으면 자신이 불안해집니다.

물론 이렇게 된 것은 누가 명시적으로 시킨 것도 강제적인 것도 아닙니다. 하지만 그것이 어찌 보면 모든 어머니의 진정한 힘일 것입니다. 어머니의 기분에 따라 집안 분위기가 좌우되는 경향이 강한 집일수록 자녀들은 어머니의 기분을 맞추려 노력할 가능성이 더 클 테니까요.

소영 씨와 어머니는 서로가 배우자처럼 살아왔던 겁니다. 타인과 관계 맺는 최초의 방식이자 가장 오래된 이런 방식을 떨쳐내기는 쉽지 않습니다. 그래서 소영 씨 같은 사람들은 다른 사람과 감정적인 관계를 맺을 때에도 으레 '내가 좋으면 너도 좋고, 내가 싫으면 너도 그래야 한다'는 공식을 갖고 있습니다. 심리적인 사이클이 같지 않으면 소외감을 넘어 탈락감을 느끼니까요.

소영 씨는 엄마와의 관계에서 학습된 방식대로, 정서적 공생관계가 아니면 연애관계가 아니라고 생각하게 된 것입니다. 내가 보고 싶으면 너도 그래야 하는 것입니다. 그러나 아무리 서로 좋아한다 해도 남녀관계는 서로 다른 성장환경과 상황을 겪으며 살아온 사람이 만나는 것입니다. 그러니 감정적 사이클도 다를 수 있습니다. 그것이 양해되어야 하는데 소영 씨에겐 그것이 불가능했습니다.

　지현 씨도 이와 유사한 경우입니다. 지현 씨의 엄마는 사랑을 구걸하게 만드는 사람이었습니다. 어릴 때 지현 씨는 엄마의 사랑을 받으려면 엄마의 표정을 살피고 눈치를 봐야 했다고 합니다. 그렇지 않으면 나쁜 딸이 되는 겁니다. 엄마는 늘 내가 이렇게 아픈데, 내가 힘든데, 너는 어떻게 그럴 수 있냐고 딸을 다그치곤 했습니다. 딸이 자신과 같은 감정이길 바랐고, 그렇지 않을 경우 애정을 철회하겠다는 암시를 주며 지현 씨를 불안하게 만든 것이죠. 물론 친밀감을 느끼는 사람이 있으면 그가 나와 같아지기를 바랄 수 있습니다. 그러나 그것을 실제로 강요하는 것은 다른 차원의 문제입니다.

　소영 씨와 지현 씨의 관계 방식은 자신이 버려질 수 있다는 두려움에서 비롯된 것입니다. 말하자면 '유기 불안'입니다. 버려질 것 같다는 생각만 들면 불안해졌습니다. 상대와 일체감이 형성되어야 한다는 생각에서 헤어나지 못하고, 그렇지 않으면 버림받을 것 같은 불안을 느끼는 겁니다.

두 여성 모두 어머니와의 관계에서 이런 불안이 비롯되었습니다. 좀 더 정확히 말하면 주양육자와의 관계라고 보는 것이 맞겠죠. 어머니가 양육을 주로 책임지기 때문에 어머니와의 관계가 타인과의 관계에 더 큰 영향을 주는 것이 사실입니다. 특히 성격 형성에 차지하는 영향은 실로 지대합니다. 애정에 대한 확인은 주로 엄마를 통해서 가능하기 때문이지요. 주양육자와 어떤 관계를 맺느냐는 이후 그 사람이 맺는 관계의 근간을 이룹니다. 주양육자는 생사여탈권을 가지고 있으니까요. 그들과 자녀의 관계는 짐작하는 것보다 더 지독스럽습니다.

그런데 소영 씨와 지현 씨에게는 또 다른 공통점이 있었습니다. 이들은 '자기'가 없다는 생각에 괴로워했습니다. 자기 자신이 없는 것 같고, 자기에 대한 생각이 분명치 않았습니다. 그래서 관계를 통해 자꾸 자기를 확인하고 싶었던 것입니다. 이들은 누군가와 자신을 동일시하고 그와 함께하는 관계가 이뤄져야 자기 존재가 확인받는다고 생각하는 쪽입니다. 그 대상이 없다면 자신은 텅 비어 있다고 생각할 수도 있습니다. 자신이 어떤 사람인지, 어떤 것을 추구하는지, 어떤 관점을 어떻게 형성했는지, 자기 자신을 형성해온 기억이 없고, 그래서 '나는 이런 사람이다'라는 자기 이미지가 확고하지 않은 겁니다.

그래서 마음 깊은 곳에 자신의 초라함과 비루함을 애써 감추며 그 남자가 나를 좋아하면 자신도 스스로를 좋아할 수 있다고 생각하는 것이지요. 그 남자의 모든 것을 자기 것으로 담으려 할 수도 있고 그 사람이 좋아하는 것이 곧 나의 것이라고 생각하기도 합니다. 내가 좋아하는 것은 하찮게 여기고, 그가 좋아하는 취향이나 생각에 맞추려 합니다. 그것이 자신이 원하는 것이라고 스스로 납득시키면서 말입니다.

　그렇게 그의 생각이나 감정을 나의 것이라 믿으며 둘의 친밀감을 확인받고 싶어 하지만, 한편으로는 상대에게 매달리는 주체적이지 않은 자신과, 자신의 것이라고 할 만한 것도 없이 완전히 하찮은 존재가 된 자신에 대한 분노가 문득문득 올라오는 것을 느낍니다.

　사실 관계에서 경계 짓기는 그리 간단한 문제가 아닙니다. 사회적인 관계에서는 분명히 경계를 그을 수 있고, 관계의 적정선을 설정하는 게 가능합니다. 하지만 정서적으로 친밀한 관계에서는 감정이든 생각이든 자기의 것이 희미해지는 경우가 많습니다. 특히 사랑하는 사이에서는 거리를 유지하는 일이 생각만큼 쉽지 않습니다. 소영 씨나 지현 씨는 여기서 한발 더 나아가 거리를 두거나 경계 짓는 것은 사랑이 아니라고까지 생각합니다. '사랑하면 하나로 합쳐져야 한다'는 생각이 있는 것이지요.

저는 이들이 원하는 것은 '이성관계'가 아니라 '임신관계'라고 표현하고 싶습니다. 나와는 다른 그 상대를 내 속에 포함시키려 하는 것입니다. 상대를 내 속으로 흡입시켜 그를 완전히 소유하고 싶은 것입니다. 그래서 그토록 집착하는 것이지요.

그런데 관계의 뼈아픈 진실이 여기에 있습니다. 이들이 집착하는 대상이 상대 남성인 것처럼 보이지만, 실은 자기 자신이기 때문입니다. 내가 없어서 나를 찾고 싶은 것입니다. 연애관계를 통해, 남자를 통해 자기 자신을 찾고 싶은 것입니다. 좀 더 엄밀히 말하면 자기를 찾고 싶은 것이 아니라 '남자에게 반영된 자기'를 찾는 것이겠지요.

'나 자신이 없다고 생각했는데 남자를 만나면 내가 있는 것 같다, 나를 존재한다고 여기게 만드는 그 남자를 갖고 싶다', 이런 논리입니다. 결국 이들이 집착하는 것은 자신이 좋아한다고 생각하는 그 남자가 아닙니다. '그 남자'가 아니라, 자기 존재를 확인해주는 존재에게 집착하는 것입니다. 결국 집착할 자기 자신을 찾는 행위이겠습니다.

정말 집착했던 것이 '그 사람'인지, 아니면 그와의 관계에서 발생하는 '나를 느끼게 해주는 감정'들인지 이들은 잘 알지 못합니다. 그 사람과 관계를 맺으면 내가 확인된다거나, 그가 없으면 내가 없어지는 것 같다면 실은 상대방이 아니라 자기를 확인하고 싶은 바람이 더 절실한 것입니다.

이는 가족 내에서 자신에게 주어진 역할이나 자신의 사회적인 모습 이외에는 자신을 발견할 건강한 경험을 하지 못해서 생긴 문제이기도 합니다. 타인을 통해 자신을 찾는 것이 아니라 내가 스스로 자신을 찾고, 그렇게 찾아낸 나를 보여주어야 하는데 그것이 어려운 것입니다.

사실 우리는 자기 자신을 제대로, 건강하게 발견한 경험이 많지 않습니다. 가정과 학교, 사회 모두가 그것을 방해하고 있습니다. 각자의 고유성을 인정하지 않고, 타인의 시선을 의식하고 사회적 인정을 받아야 하는 상황에서 과연 자신을 발견할 수 있을까요. 게다가 요즘같이 가족중심주의를 넘어 '가족매몰주의'로 강화되는 상황에서는 더욱 쉽지 않습니다. 아이들은 엄마에게 완전히 귀속되고 감정적으로 휘둘려 자기만의 세계를 갖기가 쉽지 않습니다. 왜곡된 관계의 친밀성 때문에 고민하는 아이들은 이 순간에도 점점 늘어나고 있습니다.

특히 엄마와 딸의 관계에서 이런 현상이 많이 보입니다. 요즘 성인이 된 딸을 끼고 살려고 하는 엄마들이 많은 것 같습니다. '결혼하지 말고 전문성 살려 일하면서 살라'고 조언하는 등 자식의 삶에 일일이 개입하는 분들이 너무나 많습니다. 서른이 넘도록 엄마와 한 몸처럼 지내는 것을 당연하게 여기는 딸들도 많지요. 엄마는 자식의 인생을 본인의 삶처럼 생각하고, 딸은 엄마가 아니라 친구라고 공공연히 말합니다. 엄마가 딸을 놓아주지 않고 딸도 엄마 곁을 떠나려 하지 않습니다. 그런 공생관계가 많아지는 것이 우려스럽습니다. 많은 부모가 자식의 심리적, 정서적 성장을 방해하는 상황입니다. 그래서인지 소현 씨나 지현 씨 같은 어려움을 겪는 젊은이들이 점점 늘고 있습니다.

관계에서 균형을 갖는다는 것은 언제나 어려운 일입니다. 앞서 말한 것처럼 사회적인 관계는 경계가 분명하지만 정서적인 영역은 경계가 모호합니다. 게다가 많은 사람들이 관계에 대해 오해를 하는 것 같습니다.

관계는 경계로 이뤄지는 것이 아니라 어떤 공간을 필요로 합니다.

예를 들어 지금 우리는 남한과 북한이 휴전선을 마주하고 대치하는 상황입니다. 남한과 북한 사이에 비무장지대가 없었다면 갈등과 충돌은 더 커졌을 것입니다. 남한과 북한 사이에 비무장지대라는 완충공간이 있는 것처럼, 관계에도 어떤 공간이 필요합니다.

연애를 하며 두 사람이 가까워지면 본의 아니게 서로 부딪치고 상처 입히는 일이 많습니다. 따라서 두 사람이 부딪쳐도 상처받지 않는 공간, 서로가 서로를 인정하는 공간이 필요합니다. 공간이라는 것은 자신과 상대에 대한 존중의 영역입니다. 사랑하면 일심동체가 되어야 한다고 하지만 우리는 한 몸일 수도 없고, 한 몸이 되어서도 안 됩니다. 타인은 나와 같지 않습니다. 그것은 자명한 사실입니다.

소영 씨나 지현 씨 같은 증상을 가진 사람이 상담실을 찾으면 '경계가 없다'는 진단을 받게 될지도 모릅니다. 그러나 어쩌면 이들에겐 경계가 없는 것이 아니라 경계를 너무 명확히 하려는 것이 오히려 문제일 수 있습니다. 관계의 문제를 네가 내게 들어올 것인가, 아니면 내가 너에게 귀속될 것인가로 다투는 것입니다. 이런 일방적인 관계라면 갈등은 피할 수 없습니다.

앞에서 말했듯 모든 관계에는 적절한 공간과 틈을 만들어야 합니다. 그런 의미에서, 친밀함을 발견하는 다른 방법을 찾는 것도 중요해 보입니다. 일심동체가 되지 않으면 연인도 사랑도 아니라는 식의 일방통행이 아니라, 서로에게 공간을 주는 방식 말입니다. 당신 주변에도, 결혼을 염두에 두지 않고 사람을 만나보니 오히려 관계가 편해졌다고 말하는 이들이 있지 않던가요. 내가 생각하는 조건이나 호불호를 떠나 상대의 좋은 것은 좋은 대로, 나쁜 것은 그대로 두면서 관계를 만들어갈 수 있습니다.

그런데 여기서 한 가지, 연애를 통해 자신을 확인하려는 이들에게 조언하고 싶은 말이 있습니다.

잡지에 실린 연애상담 코너를 보면 '연애를 많이 해보라, 그러면서 네게 맞는 사람을 찾아라' 하고 조언하는 것을 종종 볼 수 있죠. 그러나 연애 자체가 부담이 되는 경우도 많습니다. 또 지금까지 보았듯, 남성들도 그렇지만 여성들 중에도 연애를 통해 자기를 찾으려는 사람들이 있는 것 같습니다. 연애를 해야만 나를 발견할 수 있나요? 연애를 통해 자기를 찾으려는 방식은 백마 탄 왕자님을 기다리는 것과 다르지 않습니다.

연애를 꼭 해야만 하는 것은 아닙니다. 관계를 맺는 다양한 방식이 있을 뿐입니다. 누군가와 반드시 관계 맺고 잘 지내야 한다는 생각을 고집할 필요는 없습니다. 끊임없이 나를 어딘가에 귀속시키고 유형화해야 한다는 유혹에서 벗어나는 것이 실은 더 중요한지도 모릅니다.

타인이 당신과 똑같은 존재이길, 똑같은 감정표현 방식과 관계 방식을 갖길 기대하지 않기를 바랍니다. 만약 당신에게 그걸 요구하는 누군가가 주변에 있다면 그에게 싫다고 정중히 말하십시오. 그리고 그것에 반응하는 상대방의 감정을 지나치게 개인적으로 받아들여 상처받지 말기를 바랍니다.

소영 씨와 지현 씨는 어머니와의 관계에서 학습된 방식대로 타인과 관계 맺으려 했습니다. 그래서 상대가 자신과 정서적으로 사이클이 완전히 같고 친밀함을 느껴야 한다고 생각했습니다. 그렇지 않으면 사귀는 것도 아니고 사랑하는 사이도 아니라고 생각했습니다. 늘 하나가 되고 싶어 하고, 그렇지 않으면 사랑하지 않는다고 생각했습니다. 그러나 앞서 살펴본 것처럼 그것은 불가능한 시도였습니다.

만약 소영 씨와 지현 씨처럼 관계의 어려움을 겪는 사람이 있다면 어머니(어린 시절의 주양육자)와의 관계를 살펴보길 바랍니다. 어머니는 당신에게 어떤 정서적 요구를 했고, 당신은 어떻게 대응했습니까? 어머니와 정서적으로 동일하지 않으면 죄책감이 느껴지고 어머니와 같은 방식으로 느끼고 생각하도록 강제되는 분위기는 없었나요? 그 패턴이 이미 내 안에 학습되었을 가능성에 대해 성찰하기 바랍니다.

어머니와의 관계에서 자신이 어떤 정서적 경험을 했는지 자각하면 자신이 어떻게 자랐는지, 자기 성장의 역사를 이해하는 데 도움이 될 것입니다. 그리고 어머니로부터 독립된 존재로 자신을 어떻게 형성할 것인지 고민하는 단계로 나아갈 수 있습니다. 나는 어떤 사람인가, 나는 어떤 시선으로 세상을 바라보나, 나는 무엇으로 세상을 살아가는가.

그렇다고 오해는 하지 마세요. 무조건 소현 씨나 지현 씨 어머니의 잘못만을 탓하려는 것은 아닙니다. 그들도 힘든 삶이 있었을 테고, 자신이 어떻게 행동하는지 모른 채 자녀들에게 자신의 한을 풀었을지 모릅니다. 게다가 부모와 자식은 서로를 선택해서 만날 수 없지 않습니까.

지금 당장 자신의 삶을 바꾸기는 힘듭니다. 그러나 지금 나와 타인의 관계, 나와 아이의 관계는 달라질 수 있습니다. 그 사실을 자각하지 못하면 똑같은 관계가 반복될 수도 있습니다. 반면 자신이 관계 맺는 방식을 알면 성숙함의 가능성이 생깁니다. 아이와의 관계를 바꿈으로써 자신이 치유될 수도 있습니다. 그러므로 반복되는 관계의 패턴 속에서 누군가 먼저 고리를 끊어야 합니다. 소영 씨나 지현 씨에겐 그것이 관계의 고통을 해결할 수 있는 해법이기도 합니다.

의존관계 :
내게 없는 것을 줄
사람을 찾아

스물여덟 살의 정인 씨는 다섯 번째 연애에 실패한 뒤 상담실을 찾았습니다.

첫 번째 연애는 남자친구가 군대를 가면서 끝났다고 합니다. 남자친구가 입대한 뒤 정인 씨는 혼자 있는 것을 견딜 수 없었다고 합니다. 그래서 군대에 갈 부담이 없는 복학생을 사귀기로 합니다.

그런데 두 번째 남자친구는 원치 않는 성관계를 계속 요구했습니다. 정인 씨가 거절하면 '넌 날 사랑하지 않아'라며 힘들게 했습니다. 정인 씨는 어쩔 수 없이 남자의 요구를 들어주어야 했습니다. 1년 넘게 사귀면서 정인 씨는 원치 않은 요구에 응해야 했습니다.

정인 씨는 남자친구를 사귀면 전적으로 의존하고 남자친구가 시키는 대로 하고 작은 결정도 항상 물어보는 편이었습니다. 남자 친구는 그런 정인 씨가 지긋지긋하다며 떠나버렸습니다. 정인 씨는 실연의 충격보다 혼자가 된 불안을 견디기가 더 힘들었다고 합니다. 그래서 두 달이 채 지나지 않아 다시 남자를 만났는데, 두 번째 남자와 달리 유해 보이는 성격의 남자였습니다. 그러나 석 달도 안 되어 이번에는 정인 씨가 이별을 통보했습니다. 기대기에는 너무 약한 사람으로 느껴졌던 것입니다.

세 번의 연애 실패 후 정인 씨는 당분간 연애를 하지 않겠다고 다짐했지만, 일상의 작은 결정도 스스로 하기 어려울 정도로 너무나 불안했다고 합니다. 그동안 수강신청도 남자친구에게 물어서 하고 그날 무슨 옷을 입을지도 일일이 남자친구에게 물어봤던 겁니다. 정인 씨는 그렇게 의존적인 여성이었습니다. 게다가 졸업을 앞두고 있던 터라 정인 씨는 사회에 나가는 것이 두려웠습니다.

그러다 마침 영어학원에서 한 남자를 만나 사귀게 되었습니다. 정인 씨는 공부를 곧잘 하는 편이었고, 졸업 후 곧 중견기업에 취직했습니다. 남자친구는 졸업 후 취직 준비를 하고 있었습니다. 정인 씨는 남자친구에게 용돈을 주고 고시원에 기거하던 그를 오피스텔로 이사시켰습니다. 물론 임대료는 정인 씨가 부담하고요.

남자친구는 말로는 하루빨리 취직해 백수 생활을 청산하겠다고 했지만 행동은 말과 따로 놀았습니다. 취직 시험 보는 날 늦잠 자는 바람에 시험을 못 보는 일도 있었습니다. 주변에서는 헤어지라고 난리였지요. 정인 씨가 보기에도 문제가 있었지만, 헤어질 수는 없었습니다. 정인 씨의 생활은 직장을 제외하고 모조리 남자친구를 중심으로 돌아갔으니까요. 집에서는 남자친구도 있고 취직도 했으니 한번 데려오라고 했지만 남자친구는 취직하기 전에는 그럴 수 없다며 버텼습니다. 그러자 집에서 오빠까지 나서서 헤어지라고 종용하기에 이릅니다. 정인 씨는 결국 그와 헤어지고 말았습니다.

　얼마 후 이번에도 혼자 있는 것을 견딜 수 없었던 정인 씨는 같은 직장에 근무하는 남자 동료와 교제를 시작했습니다. 그러던 중 그 남자가 양다리를 걸치고 있다는 사실을 알게 되었습니다. 그 일이 있은 후 정인 씨는 상담실을 찾게 된 겁니다.

　정인 씨의 가장 중요한 문제는 아마도 '의존'일 겁니다. '의존'은 관계에서 매우 중요한 키워드입니다. 인간이 타인과 관계 맺을 때 얼마나 타인에게 의존하고 타인의 의존을 받아들이느냐는 관계의 균형에서 중요한 요인이거든요.

　관계의 문제는 대부분 자신이 타인에게 얼마나 의존하고 있는지 자각하지 못하기 때문에 발생하는 것 같습니다. 상대에게 의존할수록 요구가 많아지게 마련이죠. 그 요구를 만족시켜주지 않은 상대에게 서운해하거나 화를 내게 되니 갈등이 빚어질 수밖에요.

정인 씨 사례처럼, 의존의 문제를 이야기할 때에는 주로 여성의 의존을 다루는 것이 사실입니다. 여성과 의존을 연결 짓는 편견이 우리에게 있는 것 같습니다. 그러나 의존은 여성의 문제로만 볼 수 있는 것이 아닙니다. 남성에게도 의존하려는 욕구와 태도가 있습니다. 남성이 여성에 비해 더 독립된 존재는 아니니까요. 여성들이 요구하는 대상과 방식이 있는 것처럼 남성들에게도 요구하는 대상이나 방식이 있습니다. 따라서 여성이 더 의존적이라고 규정짓는 것은 어폐가 있습니다. 그보다 여성은 의존을 드러내는 것이 비교적 허용되는 분위기이고 남성은 그렇지 않다고 말하는 것이 더 정확할 것입니다.

살펴본 것처럼 정인 씨는 연애를 통해 의존의 욕구를 해결해왔습니다. 그런데 정인 씨가 연애하는 방식을 보면 한 가지 흥미로운 지점을 발견할 수 있습니다. 그것을 정확하게 보면 정인 씨에게 의존이 어떤 의미를 가지는지 알 수 있을 것 같습니다.

연애에서 실패한 후 다른 남성을 만날 때 정인 씨는 불안을 '소거'하는 방식을 택합니다. 첫 번째 남자친구가 군대에 가버리자

'군대'라는 불안 요소를 없애고자 두 번째 남자친구로 복학생을 선택합니다. 두 번째 남자친구의 마초적인 성격 때문에 힘들었던 정인 씨는 이번에는 부드러운 마마보이를 택합니다. 그러나 그는 자신이 기대기에는 너무 유약했습니다. 그래서 이번에는 남자 체면에 취직하기 전까지는 부모에게 인사 오지 않겠다고 버틸 정도는 되는 남자를 선택합니다. 그와 헤어지자 직장 동료를 만남으로써 '백수' 남자친구에게서 탈출을 감행합니다.

그러면 정인 씨의 다음 남자친구는 어떤 사람일까요. 불안을 소거하는 방식으로, 불안한 요소를 제거하고 부족한 부분을 보완하는 방식으로 이뤄진 연애경험을 살펴보면 말입니다. 이제 정인 씨는 아주 무난한 남자를 고르지 않을까요.

여기서 정인 씨의 가족관계를 한번 알아보지요. 정인 씨는 엄마를 여장부, 아버지를 들꽃 같은 사람으로 표현합니다. 아버지는 여린 성격에 문학과 예술에 조예가 깊었던 반면, 하는 사업마다 실패를 거듭해 일찌감치 경제적으로 무능한 존재로 살았다고 합니다. 반면 어머니는 아버지의 경제적 무능을 대신할 만큼 장사 수완도 좋고 이재에도 밝아 가족을 군색하지 않게 부양할 수 있었습니다. 정인 씨에겐 오빠가 한 명 있었으나 아버지는 정인 씨를 유독 예뻐해서 어릴 적부터 애정을 쏟았다고 합니다. 정인 씨는 어머니로부터 "너는 어쩌면 그렇게 네 아버지를 쏙 빼닮았냐?"는 말을 듣고 자랐는데, 뭔가 잘못하거나 실수를 할 때면 "네가 하는 게 그렇지, 네 아버지 딸이 어디 가겠냐?"라는 말이 꼭 뒤따랐다고 합니다.

반면 오빠는 어머니의 전폭적인 지지를 받으며 학창시절 늘 최상위권 성적을 유지하고, 유학까지 다녀와 일찍 대학교수가 되었습니다. 어머니의 평생 자랑이겠죠. 정인 씨도 공부를 못하는 편은 아니었으나 항상 오빠에게 비교되었고, 어머니는 언제나 오빠가 하는 것 반만 해보라는 둥, 오빠 말만 들으면 된다는 말을 입에 달고 살았다고 합니다. 실제로 정인 씨는 고등학생이 되면서부터 아버지의 의견보다는 오빠 말에 따라 많은 결정을 했다고 합니다.

정인 씨의 가족사를 살펴보면 정인 씨에게서 발견되는 역설이 이해됩니다. 사실 정인 씨가 이토록 의존하고 집착하는 것을 보면 과연 그녀가 마냥 약한 사람인지 되묻지 않을 수 없거든요. 실은 누구보다 '강력하게' 의존하고 있다는 역설을 발견하게 됩니다. 그렇게 강하게 의존할 수 있다면 정인 씨에게 어떤 힘이 있는 것 아닐까요. 실제로 정인 씨는 남자친구 문제 말고는 사회생활을 그런대로 잘 꾸려가고 있습니다. 백수 남자친구를 경제적으로 지원할 정도로 말입니다.

정인 씨가 미래에 어떤 남자를 선택할지 모르지만 여장부인 어머니처럼 남편을 부양하지 않으리란 법은 없다고 생각합니다. 무능한 남편을 거둬 먹이는 엄마와 그녀는 얼마나 또 같을 것인지요.

그런데 여기서 의문이 생깁니다. 정인 씨는 부모님의 장점들, 즉 아버지의 풍부한 감수성과 어머니의 강인함과 현실성을 닮을 수도 있는데, 왜 아버지의 나약함과 잘난 남성에게 기대려는 어머니의 속성을 닮게 되었을까요? 정인 씨는 왜 부모의 부정적인 부분을 받아들이게 되었을까요?

아마도 부모의 부정적 피드백이 한 요인일 것 같습니다. 어머니는 늘 "네가 하는 게 그렇지"라고 말했고, 아버지는 "넌 엄마와 달라"라고 하며 배우자에 대한 부정적인 피드백을 정인 씨에게 던졌을 것입니다. 배우자를 향한 부모의 비난을 정인 씨가 수용하면서 악순환이 발생한 것이죠.

물론 엄마가 정인 씨를 아버지와 비슷한 사람으로 보는 피드백에는 긍정적인 측면도 있습니다. 비록 방식에는 문제가 있지만 백수인 남자친구를 보살핀 것처럼 타인에게 희생적이고 정서적으로 돌보려는 것은 아버지의 내밀한 감성을 습득한 것이 아닌가 싶습니다. 그런데 한편으로는 아버지가 관계 속에 매몰되었고 사회적 인간으로 자기 능력을 충분히 발현시켜 성취하지 못한 것처럼, 정인 씨 또한 관계 속에 매몰되는 방식을 보여주고 있었던 것입니다.

정인 씨의 의존성을 파고들면 아버지의 의존이 자리하고 있습니다. 아버지는 어머니에게 경제적으로 의존했고 정서적으로, 남성적으로는 아들에게 그 자리를 빼앗겼습니다. 그럼으로써 아버지가 얻은 것이 정인 씨에게도 어느 정도 영향을 미쳤다고 볼 수 있습니다. 의존함으로써 무언가를 얻을 수 있다는 것을 알려준 셈이죠.

사람들은 왜 누군가에게 의존하는 것일까요? 안전이나 실패에 대한 두려움을 미연에 방지할 수 있는, 가장 안정적인 존재에게 의존함으로써 실패할 위험이 줄어들기 때문입니다. 의존하는 동안에는 다른 일이나 모험을 벌이지 않아도 되죠. 어떤 면에서 아버지는 운이 좋았다고 할 수 있습니다. 실패를 더 이상 경험하지 않았으니 말입니다. 그런데 아버지와 같은 방식으로 의존한 정인 씨는 실패만 거듭했습니다.

여기서 한 가지 생각해볼 문제가 있습니다. 가족 내에서 정인 씨를 누군가를 돌보는 위치에 두는 것은, 가족관계에서 여성을 지배하는 가장 부드러운 방식은 아닐까요. 아버지는 경제적 부양은 아내에게, 정서적 권위는(지지는) 딸에게 받고 있는 것 아닌가요. 자신보다 더 어리고 약한 막내딸과 동일시하면서 말입니다. 그것은 겉으로 드러나지 않지만 착취일 수 있고 지배일 수도 있습니다.

정인 씨의 가족을 살펴보면 또 다른 흥미로운 지점을 발견할 수 있습니다. 이들은 남성과 여성이 가질 수 있는 남성성과 여성성을 부정적으로 서로 나눠 가졌습니다. 어머니의 남성성, 아버지의 여성성, 정인 씨의 여성성, 오빠의 남성성. 문제가 발생하는 지점은 이들처럼 타인이 기능적으로 발달시킨 부분만 취할 때입니다. 분업화된 가족이랄까요.

사실 정인 씨의 가족 같은 세팅은 어떤 면에서 완벽하게 돌아간다고 할 수 있습니다. 그러나 개인이 가진 자원이나 특성을 총체적으로 발휘하지는 못합니다. 여러 능력을 가진 개인이 각자 한 방향으로만 움직이도록 세팅된 가족 내에서 자신을 구성했기에, 다른 사람과의 관계에서도 본래의 다양한 면모가 잘 발현되지 않는 것입니다. 정인 씨의 가족은 저마다 외발로 서서 완벽하게 서로에게 기대고 있습니다. 그래서 어느 한쪽도 독립된 존재로 설 수 없습니다.

만약 정인 씨의 아버지가 대가 세고 사회적 성취욕구가 강한 분이었다면 지금과는 다른 갈등이 벌어졌을 것입니다. 그러나 어머니가 그 역할을 했고 아버지는 그저 그림자로 살았으니 그런데로 서로를 비난하면서도 살 수는 있었습니다. 비난함으로써 서로를 확인하며 살아가는 것이지요. 상대를 비난하면서 자기 능력이나 강점을 상대를 통해 부각시키고 확인하는 방식 말입니다.

사실 많은 가족관계가 그렇죠. 개개인의 총체적인 능력이 충분히 사용되면서 유기적으로 돌아가는 것이 아니라 각자 자기가 잘할 수 있는 특정 부분을 사용하도록 강요합니다. 가족의 역동에서는 이것이 그런대로 돌아가지만 사회적 영역에서는 문제가 발생할 수 있습니다.

결혼이란 독립된 개인의 자유로운 연대여야 한다는 말이 있습니다. 그러나 우리가 만나는 가족은 '연대의 가족'이 아니라 정인 씨네처럼 '의존의 가족'입니다. 연대는 개인이 독립하여 또 다른 독립된 개인과 함께 가는 것인 반면, 의존은 서로 비난해 상대의 한 부분을 불능으로 만들어놓으며 같이 갑니다. 그렇다면 정인 씨의 의존성은 단순히 개인적인 기질이나 나약함이 아니라 가족 전체를 움직이게 만드는 합의된 명제였던 셈입니다.

아버지는 속된 말로 '뒷방 늙은이'로 있으면서 돈 벌 필요도 없이 살면 되고, 엄마는 가장이라는 지위를 차지했고 사회적으로도 자신의 능력을 확인했습니다. 정서적으로 가족과 교류가 미흡한 것은 사실입니다. 오빠는 한국사회가 요구하는 가장 적당한 삶의 패턴을 따르고 있습니다. 전폭적으로 지원하는 엄마가 있고, 아버지와 주도권 다툼 없이 엄마로부터 가장의 왕관을 자연스레 물려받아 사회적으로도 성공하기에 이릅니다.

그런데 정인 씨는 오빠에 비해 공부도 못하고 사회적인 성공도 이루지 못했으며, 엄마의 정서적 지원은 없는 채 실패자 아버지로부터 물려받은 정서적 자원만 있습니다. 정서적으로 누군가를 돌보는 것은 학습되었지만, 어떻게 건강하게 타인을 대하는지는 한 번도 배운 적이 없습니다. 게다가 어려서는 아버지, 고등학교 시절에는 오빠, 대학 이후에는 남자친구에게 줄곧 의존해왔습니다.

말하자면 의존이라는 기제로 돌아가는 가정에서 가장 약한 고리인 정인 씨에게 문제가 발생한 것입니다. 가족 사이에서는 가장 힘이 약한 존재가 나머지 가족의 감정적 쓰레기통이 되는 경우가 많습니다. '희생양scapegoat'이라는 표현이 있지요. 가족 구성원 중에서 유독 구박받고 감정적 핍박의 대상이 되는 구성원을 말합니다. 정인 씨 가족도 가족으로서 유지하기 위해서는 '희생양'이 필요했던 것입니다.

정인 씨는 자기 삶이나 자기 가족을 꾸리는 방법을 모르니 남자들이 그 역할을 해주기를 바랐습니다. 그러나 남자들은 정인 씨보다 더 나은 사람을 필요로 했고 정인 씨는 계속 실패했습니다. 정인 씨 역시 누군가를 돌보는 것과 그것의 실패를 반복하면서 자기를 확인해왔습니다. 아버지에서 연인으로 대상을 바꾸어가며 정인 씨가 요구하고 확인하고 싶었던 것은 아버지로부터 받은 무조건적인 돌봄과 감정적 교류였으나, 이것은 실패하고 맙니다.

애니어그램에서 타인을 돌보거나 돕는 유형의 사람에겐 잃어버린 유년의 메시지가 있다고 합니다. "너는 필요한 사람이다." 그 메시지를 잃어버렸거나 받지 못했을 때 그 사람은 누군가에게 필요한 사람이 되기 위해 끊임없이 노력한다고 합니다. 자기 존재에 대한 자기 확신이 부족하기 때문입니다.

결국 관계의 어려움을 겪는 사람들의 문제의 근원으로 돌아가면, 내가 어떤 사람이며 내가 나를 어떻게 자각하고 있느냐 하는 문제와 맞닥뜨리게 됩니다. 자기라고 하는 이미지가 없어서, 그것이 늘 그림자 같아서 지금부터 형상화해가야 하는 사람이 있는가 하면, 정인 씨처럼 왜곡된 자기 이미지를 갖고 있는 사람도 있습니다. 정인 씨는 자기를 불필요한 사람, 누군가를 돌보지 않으면 안 되는 사람이라 믿고 있습니다. 먼저 사랑하고 먼저 희생하지 않으면 아무도 나를 보호하지 않을 거라 생각하면서요.

그렇다면 정인 씨의 가족은 왜 그토록 서로 의존하면서 집착하는 것일까요.

부모와의 관계에서 맺은 충분한 애착은 충분한 정체감, 자존감이 형성되는 데 기여한다고 알려져 있습니다. 정인 씨의 가족은 굉장히 의존적이며 집착적이지만 충분히 애착할 수 있는 관계였는지는 의문이 듭니다. 흔히 일상에서는 의지와 의존, 애착과 집착을 혼동하기 쉬운데, 애착과 집착을 형성하는 것은 비슷해 보이지만 의지와 의존만큼이나 다릅니다.

우리는 애착을 형성한 대상과 의지하며 살아갑니다. 건강한 애착이 형성되었을 때 건강한 분리가 일어납니다. 어린아이의 생사여탈권은 부모가 쥐고 있으니 생존하기 위해 우리는 부모에게 필사적으로 의존하게 됩니다. 물론 그 후로도 오랫동안 부모에게 의존하죠.

이때 부모가 자녀와 건강한 애착을 맺는지 집착을 하는지 여부는 부모의 불안이 결정합니다. 정인 씨의 가족에서 부모의 불안은 딸과 아버지를 동일시하며 정인 씨가 성장하고 독립하는 것을 방해하는 것으로 나타났습니다. 품 안에 넣어두고 내보내지 않으려 한 것이지요.

이는 사실 많은 가족에게서 발견되는 양상입니다. 자녀도 부모 곁을 떠나는 것이 불안하지만, 현실을 보면 아이를 떠나보낼 수 없다는 부모의 감정이 아이에게 전이되고, 그런 부모의 집착 때문에 자녀의 독립이 불가능한 경우가 오히려 더 많습니다. 정인 씨의 경우 딸이 떠나지 못한 게 아니라 아버지가 떠나지 못하게 한 것입니다. 무의식적으로 강요된 의존이라 할 수 있겠지요. 그 결과 몸은 성인이 되었지만 정서적으로 아직 덜 자란 자녀들은 다른 대상에게 그 관계를 복원해서 부모와의 관계 양식을 재생하려고 합니다.

정인 씨는 다섯 번의 연애를 했습니다. 정인 씨는 자신에 대한 불안 때문에 불안한 요소를 가진 사람을 만나면 안 된다고 생각했습니다. 그러나 불안하지 않은 사람은 세상 어디에도 없습니다. 실존적인 불안은 정상적인 것입니다.

불안에는 신경증적 불안과 정상적인 불안이 있다고 얘기했습니다. 정상적인 분리를 전제로 한 애착과정에서 분리 때문에 발생하는 불안은 정상적입니다. 건강한 애착관계는 그 불안을 극복하게 합니다. 하지만 집착적 관계는 오히려 분리에 따른 불안을 더 깊게 내재화시킵니다.

정인 씨의 정상적인 불안은 어떤 사건, 상황에서 변질되었습니다. 아버지와의 동일시와 이에 대한 어머니의 강화로 아버지와 떨어지면 안 된다고 생각했을 겁니다. 이런 사건들이 반복되면서 정인 씨는 자신을 비하하며, 누군가를 돌봐야 자신이 사랑받을 수 있고 그래야 자신을 확인할 수 있다고 생각했을 것이고, 누군가와 관계가 깨지고 헤어질 때마다 신경증적인 불안으로 변질되었을 것입니다.

　정인 씨에게는 어떤 자각이 필요할까요. 스물여덟 살 여성이
가진 내적, 외적 자원은 무엇일까요. 어떻게 해야 정인 씨의 신경
증적인 불안의 고리가 깨져서 실존적인 불안으로 옮겨갈 수 있을
까요. 정인 씨도 연애를 하며 자기를 탐구해왔을 겁니다. 물론 건
강하지 않은 방식으로, 안정지향적으로 해왔지만 분명 배운 것이
있을 것입니다.

　정인 씨는 중산층 가정 출신입니다. 대체로 중산층의 특징은
다르고 새로운 것을 만나기보다는 실패하지 않을 확률에 적응하
려 합니다. 자신의 성향, 자신을 형성해온 것과 비슷한 조건을 계
속 찾으려 합니다. 나 자신으로서 바로 선 주체가 아니라 역전된
주체로 살아간 것입니다. 그녀는 자신을 적극적으로 발견한 것이
아니라 부정적인 방식으로 자기를 확인해왔을 뿐입니다. 자기를
새롭게 발견한 것이 아니라 타인과의 관계에서도 가족의 시선에
의해 만들어진 기존의 자신을 확인하는 방식을 계속 고집했기에
실패한 것입니다.

　그렇다면 새로운 자기를 발견하는 순간을 어떻게 만날 수 있을
까요.

　많은 사람들이 연애가 그 기적을 이뤄줄 것이라 기대하지만,

막상 연애관계에 돌입하면 기존의 관계 방식을 고집하곤 합니다. 그동안 정인 씨가 남자들의 이야기에 귀를 닫고 살았던 건 아닌지 궁금합니다. 남자친구들이 정인 씨에게 해준 이야기들은 과연 어떻게 받아들여졌을까요. 연애를 통해 정인 씨는 무엇을 배웠을까요. 어쩌면 아무것도 배우지 못한 건 아닐까요.

남자들은 그녀를 향해 지긋지긋하다고, 너는 상대가 누구든 똑같이 할 것이라고 말했다지요. 물론 정인 씨와 사귄 남성들에게도 잘못이 있습니다. 그러나 정인 씨에게 연애는 익숙한 자기를 가족이 아닌 다른 누군가에게 확인받고, 부모님과 맺었던 관계의 방식을 또다시 재생, 확대 재생산하려는 시도였다는 것 또한 분명합니다.

여성의 나이 스물여덟 즈음, 누구는 불안하지 않기 위해 도장 찍는 것이 결혼이라고들 합니다. 혼자가 아니라는 사실을 확인하기 위해 자신을 속이며 누군가에게 몰두하기도 하지요. 정인 씨는 혼자가 되는 것이 두렵다고 했습니다. 그러나 혼자 있는 시간을 즐기고 자기 자신을 받아들이면서도 얼마든지 연애할 수 있습니다. 자기 중심을 지키는 것과 누군가에게 몰두하는 것은 얼마든지 양립 가능하다는 말입니다. 마마보이인 남자친구와 엄마에 대해 대화하고, 자신에게 금지되었던 것을 시도해볼 수 있지 않나요. 그러면 연애가 끝난다 하더라도 한 단계 다른 방식으로 나아갈 수 있을 겁니다. 연애가 끝난 것은 실패가 아니라 관계를 맺는 다른 과정으로 들어선 것입니다. 그런데 정인 씨는 그것을 실패로만 생각했습니다. 발견이나 변화가 아니라 반복 재생의 패턴을 고집했기 때문입니다.

다행히 정인 씨에게는 다른 사람을 도울 수 있는 성품이라는 좋은 자원이 있습니다. 대가를 기대하지 않고 도움을 줄 수 있는 사람이기에 누군가를 도움으로써 즐거울 수 있습니다. 정인 씨에게 동성의 친구가 있다면 서로 돌보고 지지해주는 관계를 만들 수 있을지도 모릅니다. 정인 씨는 연애에만 돌입하면 모든 관계가 남자친구를 중심으로 돌아갔다고 합니다. 사실 그런 여성에 대해 같은 여성들도 비난하지요. 동성관계에서 새로운 시도를 해보면 어떨까요. 그것은 어머니와의 관계를 새롭게 바라보는 것이기도 하고, 자신의 여성성을 다른 방식으로 사용할 수 있는지 시험해보는 것이기도 합니다.

누구를 돌보고 희생하는 것 말고 자기를 위해 그 자원을 사용할 수도 있습니다. 자기 욕구를 충족시키기 위해 사용할 수 있다는 말입니다. 타인을 돌보고 그 반향으로 자기를 확인하는 대신, 어떻게 자기를 더 잘 돌볼 것인가로 태도를 변화시킨다면 얼마든지 가능한 일입니다.

그런데 우리는 지금까지 정인 씨의 가장 큰 비밀을 말하지 않았습니다. 이제 정인 씨의 가장 큰 비밀을 살펴볼 시간입니다. 왜 정인 씨는 굳이 '다섯 번째' 연애에 실패하고 온 것일까요. 그보다 더 늦게 또는 더 빨리 올 수도 있는데 말입니다. 정인 씨는 남자친구가 양다리 걸치고 있다는 것을 알고 상담실을 찾았다고 했습니다.

많은 내담자들은 단지 힘들다는 이유만으로 상담실을 찾지 않습니다. 그들은 '위기의 순간'에 옵니다. 그동안 반복 재생해온 패턴이 더 이상 작동되지 않을 때 상담실을 찾습니다. 본인은 새로운 위기감을 자각하지 않았더라도, 고통 속에서 만족을 얻어왔던 방식이 계속되지 않았다는 걸 마음 깊은 곳에서는 자각합니다.

정인 씨로 말하자면, 아버지를 대입했던 남자가 나 아닌 다른 여자와 관계를 맺는다는 총체적인 관계의 불안 속에서 어떤 회로가 끊겨버린 것입니다. 그 남자를 통해 어떤 가능성이 원천적으로 봉쇄되었음을 알고 무의식적인 공포를 느꼈을 것입니다. 그런 내면의 공포감이 없으면 내담자는 상담실에 오지 않습니다.

정신분석에서는 여성이 아버지와의 관계를 다른 남성과 반복 재생한다고 주장하는데, 마지막 남성의 배신은 정인 씨에게 아버지의 배신으로 받아들여졌을 것입니다. 나만 좋아하는 줄 알았는데 실은 다른 여자를, 실은 엄마를 좋아했던 것입니다. 아버지는 나에게 애정을 쏟고 오직 딸만을 바라보며 산다고 했지만, 사실 이성으로서의 소유권(?)은 엄마에게 있다는 엄연한 현실을 그동안 자각하지 않았던 겁니다. 아버지는 엄마와 불화했지만 그런 엄마와 한 침대에서 잠을 자고, 남자친구는 자신을 사랑한다고 했지만 다른 여자와 관계를 맺는, 강한 기시감이 드는 이 상황은 정인 씨에게 어떤 위기감을 느끼게 했을 것 같습니다.

정신분석가의 눈에는 정인 씨가 모종의 선택의 순간에 상담실을 찾은 것으로 보였습니다. 그녀는 어쩌면 배신하지 않을 또 다른 '아버지'를 찾는 것인지도 모릅니다. 자신을 돌봐주면서 자신을 저버리지 않는 존재 말입니다. 그 사람은 바로 분석가입니다. 또 다른 의존의 역사로 들어오겠다는 것이지요. 분석가는 이런 무의식적 의도가 얼마나 교묘하고 끈질긴지를 정인 씨 스스로 자각할 수 있도록 조심스레 차근차근 도와야 합니다. 단순히 실연의 아픔을 위로하고 관계 잘 맺는 방법을 조언한다고 정인 씨의 삶이 나아지는 것이 아닙니다.

'the moment of truth'라는 영어 표현이 있습니다. 직역하면 '진실의 순간'이죠. 하지만 의역을 통한 더 정확하고 올바른 뜻은 '위기의 순간'이라고 합니다. 깊은 지혜가 녹아 있는 표현이라고 생각합니다. 우리가 경험한 수많은 '위기의 순간'이 사실은 얼마나 엄청난 '진실의 순간'이었습니까? 무언가 덮여 있던 것이 파열

되어 그 아래 있는 것이 드러나는 순간이지요.

내담자가 분석을 받으러 온 이유는 자신을 변화시키기 위해서가 아니라 다시 분석가에게 의존하기 위해서입니다. 분노할 대상이 없어지거나 자기 눈물을 보여줄 사람이 없어졌을 때, 정인 씨는 총체적인 위기를 경험하면서 자기에게 익숙한 방식을 취하려한 것입니다. 가장 안전한 것이 상담료를 지불하고 안전하게 의지할 수 있는 사람을 찾는 것입니다. 앞에서 제가 분석은 공감이나지지만으로 가능하지 않다고 말한 이유가 여기에 있습니다. 내담자의 무의식적 의도를 항상 염두에 두지 않으면 안 됩니다. 분석가는 위기의 순간에 더 균열을 내야 합니다. 물론 이것을 스스로할 수 있다면 더할 나위 없이 좋겠지요.

스물여덟이라는 나이 또한 의미심장합니다. 남성은 사회적인자아(직업이나 하고 있는 일)로 비교적 자기를 확고히 할 수 있지만, 정인 씨처럼 많은 여성들이 사회적 인식에서 자유롭지 못하고 30대의 삶에 대한 그림을 그리기도 어렵습니다. 정인 씨는 엄마냐 아빠냐를 선택해야 하고, 사회적 자아와 개인적 자아 중 무엇을 선택할지 기로에 놓였습니다.

사랑받는 존재로서 결혼을 선택해 불안을 없애는 방식을 취할것인가, 사회적인 자아로 자기를 실현시킬 것인가. 바야흐로 서른의 불안이 찾아온 것입니다.

　안정된 조건을 갖고 싶은데 연애가 안 되니, 인생의 중요한 기로에서 내가 매진해야 할 것이 결혼이냐 직장이냐 공부냐 하는, 거의 모든 여성이 하는 고민에 빠진 것입니다. 그래서 정인 씨는 이 상황을 총체적인 위기로 인식한 것 같습니다. 자기 자신도, 자신의 앞날도, 어느 것 하나 분명치 않은 상황에서 연애의 실패는 정인 씨에게 과잉된 불안으로 다가올 수 있었겠죠.

　비유적으로 말하자면 정인 씨는 지금 어떤 '문' 앞에 서 있습니다. 타로 카드 중에 아이가 거대한 문 앞에 서 있는 그림이 있습니다. 문을 자세히 들여다보면 잠겨 있지 않은데, 아이는 잠겨 있다고 생각하고 너무 오래 그 앞에 서 있습니다. 단지 문을 열고 잠겨 있지 않다는 것을 확인하면 되는데 말입니다.

　셰익스피어는 우리는 모두 무대 위에 선 배우라고 말했다지요. 우리는 각자 주어진 역할을 열연하고 있습니다. 잠시 숨 돌릴 시간이 필요합니다. 이제라도 지금의 나라는 사람을 있게 만든 시나리오를 안다면 자신의 역할을 다르게 받아들일 수 있지 않을까요. 그 시나리오는 아마도 개개인의 가족사가 될 것입니다. 과거의 삶이 현재의 자기를 어떻게 조종하는가에 대한 깊은 자각의 경험이 있어야 합니다.

반복되는 관계의 패턴을 끊어내는 것은 어려운 일입니다. 과거의 정서와 경험을 다시 방문해서 어떤 유년의 기억이 있었고, 어떤 신념을 갖게 했으며, 그 경험이 나에게 어떻게 영향력을 행사했는지, 가족의 역동이 어떻게 분열적으로, 파편적으로 기능했는지 살펴보아야 합니다.

그런 깊은 자각을 통해 새로운 결심을 할 수 있습니다. 남을 사랑함으로써 내가 사랑받는다는 패턴에서 벗어나 자신을 비로소 받아들일 수 있습니다. 그 순간 실존적인 자기를 만나게 됩니다. 때로 불안하기도 하고 흔들리기도 하고 의존하기도 하지만, 그래도 여전히 자기 자신을 찾아가는 스스로를 말이죠. 그렇게 스스로 혼자라는 것을 받아들일 수 있는 독립된 개인들이 만나 자유롭게 연대하는 것이 가장 바람직한 관계일 것입니다.

돌봄과 희생의 태도를 남에게만 쓰지 마십시오. 자신을 위해서도 사용하는 것이 중요합니다. 라캉은 사랑을 일컬어 '원하지 않는 누군가에게 내가 갖지 못한 것을 주는 것'이라 했습니다. 있는 것만을 주면서 사랑을 확인하는 것이 우리의 모습 아닌가요. 나에게 없는 것을 주는 게 사랑입니다. 그리고 나에게 없는 것을 주는 대상은 타인만이 아니라, 우선 나 자신이어야 합니다.

자기파괴 :
자신의 욕망에
한발 늦었을 때

지수 씨는 낮에 있었던 일 때문에 잠자리에 들어서도 분을 삭이지 못하고 계속 뒤척입니다. 입사 동기인 유정 씨가 했던 말 때문입니다.

오늘 지수 씨는 지난 주말에 새로 산 원피스를 입고 출근했습니다. 아침에 인사하며 유정 씨는 "어, 옷 새로 샀네" 하며 지나가듯 한마디 했습니다. 그런데 부서 사람들과 같이 점심을 먹으러 가서는 "자기, 옷 입는 거 보면 은근히 야해. 얌전한 고양이 부뚜막에 먼저 올라간다고, 낮에는 얌전하다가 밤에는 달라지는 거 아냐?"라며 칭찬도 아니고 욕도 아닌 말을 던집니다. 남자직원들은 좋아라 하며 키득거렸고, "지수 씨, 퇴근 후에 미행 한번 해봐야겠어. 어떤지 보게 말야"라고 맞장구치는 직원도 있습니다.

지수 씨는 기분이 많이 상했지만 농담처럼 한 말에 정색을 하면 유정 씨는 분명 "웃자고 한 말에 죽자고 덤비네"라는 식으로 능칠 게 분명했습니다. 그렇다고 밥 먹다 말고 싸울 수도 없는 노릇이고요. 분을 삭이며 겨우 밥을 먹는데 유정 씨의 옷 가슴골이 조금 깊게 파인 게 눈에 들어왔습니다. "유정 씨 옷은 야한 정도가 아니라 속 보이겠다"라고 한마디 해주고 싶었으나, 이미 이야기 주제는 과장님 뒷담화로 넘어간 뒤였습니다. 또 한발 늦었습니다. 지수 씨는 사무실에 돌아와서도 분이 가라앉지 않고, 소화도 잘 안 되었습니다.

지수 씨는 자신이 항상 이렇게 당하고만 산 것 같아서 속이 상합니다. 늘 한발 늦는 자신에게 화가 납니다. 고등학교 때에도, 대학시절에도, 직장에 취직해서도, 사람들이 자신에 대해 좋지 않은 얘기를 하거나 기분 상하는 말을 해도 바로 앞에서 대거리하지 못합니다. 분위기 망치지 않으면서 상대를 확 눌러놓도록 능수능란하게 응수할 수 있으면 좋으련만, 앞에서는 아무 말도 못하다가 돌아서서야 속상하고 화가 납니다. 이리저리 머리를 굴려보면 그제야 상대에게 타격을 줄 말이 생각나지만 그때는 이미 상황 종료.

친구들에게 이런 고민을 털어놓으면, "네가 좀 느리니까 다음 날 조용히 불러서 그때 기분 나빴다고 얘기해"라고 조언합니다. 하지만 다음 날 그 사람에게 얘기할 생각만 해도 가슴이 두근거리고 떨려서 도저히 입이 떨어지지 않습니다. 대학시절 같은 동아리 후배가 실제로는 자기가 좋아하는 남자 선배를 두고 "언니, 그 선배 좋아하시는 것 같아요. 그 선배 앞에서 왜 그렇게 살살 웃으세요?"라며 꼬리친다는 식으로 말해서 기분이 상한 적 있습니다. 그때도 앞에서는 뭐라고 말을 못했습니다. 다음 날 용기를 내서 후배에게 따로 이야기하자, "아이, 언니, 농담으로 한 얘기인데 뭘 그러세요. 언니 은근히 예민하시네요"라고 해서 사과도 못 받고 오히려 기분만 더 상했던 기억이 있는지라, 그 후로는 기분 나쁘게 한 사람을 따로 불러 얘기하는 것은 생각만 해도 긴장되고 두려웠습니다.

　직장에 들어와 보니 경쟁은 거의 생존 투쟁의 경지였습니다. 윗사람에 대한 눈에 보이지 않는 아부는 물론이고 대놓고 '빨아주기'도 횡행합니다. 남녀 직원들 사이에 묘한 시선 끌기와 암투도 더해지면서 표시 나지 않게 서로를 헐뜯고 상처 내는 행태는 볼수록 점입가경입니다. 이 와중에 지수 씨는 직격탄을 맞기도 하고 유탄을 맞기도 하면서 자신의 둔한 머리를 쥐어뜯는 날이 많아졌습니다.

이런 일이 잦아지면서 가슴속에 분노가 쌓이더니, 급기야 언제부터인가 이런 일이 있으면 며칠씩이나 우울한 기분에서 벗어나지 못했습니다. 회사도 가기 싫고, 사람들도 만나기 싫고, 무엇보다 그런 자신이 싫었습니다. 벌써 30대이고 결혼한 지도 2년이 넘어 누가 봐도 어른인데 자신이 너무 못나 보였습니다. 그나마 남편에게 하소연하는 것으로 풀기는 하지만 이런 일이 반복되자 남편도 지수 씨를 답답해하며 이제는 그런 이야기 듣는 것도 지겨워합니다.

이런 분들, 생각보다 많습니다.

지수 씨가 겪는 곤란함은 일상생활에서 누구나 겪을 수 있는 문제인 것 같은데, 유독 여성들에게 이런 일이 많이 나타나는 것 같습니다. 병리적인 문제이거나 심각한 상황은 아니지만 이런 일이 반복될 경우 관계에 대해 실망하고 사람이 싫어지며 관계 자체를 포기하게 되는, 결코 좋지 않은 상황으로 나아갈 수도 있습니다.

먼저 지수 씨를 괴롭힌 유정 씨는 어떤 사람일까요. 유정 씨 같은 사람도 어느 집단에서든 볼 수 있지요. 집단에서 누가 나보다 더 눈에 띄거나 더 예쁘거나 잘났다고 생각할 때 그 상대를 발톱을 감추고 긁는 사람이 있습니다. 질투와 시기심이 강한 사람이겠지요. 심리학적으로 봤을 때 사람들을 통제하려는 경향이 강한 사람들입니다.

그런 사람들의 특징 중 하나가 통제당한 경험이 많다는 것입니다. 그들은 자신이 통제당하는 것을 견딜 수 없어서 상대를 통제합니다. 먼저 상대에게 통제력을 행사하지 않으면 자신이 당할 것이라고 생각하거든요. 그래서 상대와 상황을 장악해서 끌고 가려는 통제에 대한 욕구가 강합니다.

또한 이들은 인정받기를 원하고 권력지향적입니다. 다만 대놓고 욕망을 드러내면 너무 속보이고 천박해 보이니까 다른 사람을 깎아내리며 주목받거나 권력을 쥐려는 것입니다. 만만하게 보이면 이런 사람에게 휘둘릴 가능성이 높습니다. 지수 씨도 그래서 괴로웠을 것 같습니다.

이들은 부정적인 자기애가 자존심으로 드러난 경우입니다. 사실 심리학적으로 보면 자존심이야말로 쓸데없는 자기애의 방식인데 말이죠. 그들은 대개 무언가를 성취하기 위해 일 자체에 집중하고 목표를 향해 나아가는 것이 아니라 그것에 방해되는 것을 자꾸 제거하려 합니다. 이해가 쉽도록 예를 들어볼까요. 어떤 남자를 좋아한다면 자신이 먼저 그 남자를 그냥 좋아하는 것이 아니라 주변에 있는 여자를 제거하려고 합니다. 원하는 것을 성취하기 위해 대상에게 먼저 다가가는 것이 아니라 방해가 되는 것을 잘라내는 데 훨씬 많은 에너지를 씁니다.

시대가 변했다 해도 여전히 많은 여성들이 자기가 원하는 것을 대놓고 말하기 주저합니다. 속마음을 말한다는 것 자체를 두려워하죠. 그래서 그것을 이루려 하지는 않고, 결국은 실패하는 것에 익숙해지지 않나요? 유정 씨도 실은 그런 여성입니다.

융의 이론을 빌려 얘기하면 지수 씨와 유정 씨는 서로의 그림자라고 말할 수 있습니다.

의식하지 못하고 있지만 지수 씨는 실은 유정 씨처럼 되고 싶은 것입니다. 집에 와서 땅을 치고 후회하고 분노하지만 실은 자신도 유정 씨처럼 행동하고 싶은 것입니다. 유정 씨 또한 자신보다 다소곳하고 여성적인 지수 씨를 부러워하는지도 모릅니다.

그런데 여기서 잠깐, 지수 씨의 가족관계도 살피지 않을 수 없습니다. 유정 씨에 대한 지수 씨의 생각에는 언니의 존재가 드리워져 있기 때문입니다. 지수 씨는 동생을 자기 마음대로 통제하는 언니에 대한 두려움과 부러움이 있습니다. 그리고 이와 동시에 언니처럼은 되고 싶지 않다는 이중적 감정이 있었던 것입니다.

지수 씨는 위로 언니, 아래로 남동생이 있습니다. 어려서 부모님이 가게를 운영하셔서 남매들끼리 지낼 일이 많았다고 합니다. 언니는 남매들 사이에서 대장 노릇을 했는데, 항상 지수 씨에게 행동이 굼뜨고 느리다고 타박했습니다.

게다가 언니는 얼마나 영악했던지요. 엄마가 과자 사 먹으라고 돈을 주면 과자를 두 봉지 사서 자기는 한 봉지를 통째로 먹고 지수 씨와 동생에겐 한 봉지를 던져주며 나눠 먹으라고 했습니다. 남은 돈은 늘 자기가 챙기면서 말입니다. 저녁에 들어오신 부모님에게 동생과 지수 씨가 이 사실을 알리면 "돈을 아껴야지. 엄마가 돈 줬다고 그걸 홀랑 다 쓰면 어떡하니?"라며 남은 돈은 저금통에 넣었다고 둘러대 할 말 없게 만들었습니다. 부모님은 언니의 알뜰함을 칭찬하고는 언니 말 잘 들으라며 언니 편을 들었습니다. 하지만 저금통에 돈이 차면 언니는 자기가 모은 돈이라며 마음대로 써버렸습니다.

그런 언니를 보면서 지수 씨는 자신은 도저히 이길 수 없을 것 같다는 생각이 들었다고 합니다. 그리고 언젠가부터 언니와 싸우기를 포기했습니다. 언니는 지금도 부모님을 자기 마음대로 요리하면서 신임을 얻고 있고, 여전히 동생들을 교묘하게 자기 뜻대로 부리려 든다고 했습니다.

가족 이야기를 들으면 지수 씨가 느끼는 답답함이 이해되기도 합니다. 그러나 어떤 문제의 원인을 모두 다른 사람과 주변 상황 탓으로 돌릴 수는 없습니다. 그런 상황에 이르기까지 지수 씨 자신의 책임은 없었던 것일까요. 지수 씨는 늘 자신이 한발 늦는다고 생각했습니다. 그녀는 무엇에 늘 한발 늦었던 것일까요.

지수 씨는 자신을 공격한 상대에게 뭐라고 할라치면 먼저 가슴이 뛰고 겁이 난다고 합니다. 부모님이 밖에서 일하셔서 남매들끼리 지내며 언니가 권력을 쥐고 자신과 동생을 좌지우지하고 멋대로 구는데도 어떻게 해보지 못했습니다. 누구도 자신과 어린 동생을 구제하거나 합리적인 조정을 해주지 않았고, 그러는 동안 지수 씨는 계속 질려 있었던 겁니다. 그래서 지수 씨는 자신을 공격하는 사람에게 대응하는 데 항상 한발 늦는다고 생각해왔습니다.

그러나 더 내밀하게 들여다보면 단지 대응이 한발 늦는 것만은 아닙니다. 더 중요하게는 자신의 욕망에 더 근접하거나 욕망을 드러내는 데 한발 늦었던 것은 아닐까요. 지수 씨가 집에 와서 후회하는 것도 자신의 요구를 제대로 드러내지 못했기 때문이 아닌가요.

그림자가 사라지기 위해서는 밝은 빛에 자신의 모습을 드러내야 합니다. 지수 씨도 자신의 감정과 욕구를 드러내야 합니다. 그런데 지수 씨는 망가지고 싶지도 않고, 망가진 모습을 보여주고 싶지도 않습니다. 대거리했다가 자기만 교활하게 당하고 사람들이 자기를 나쁘게 생각하면 어떡하나 하는 두려움이 큽니다.

그저 자신의 생각과 감정을 담담하게 표현하기보다, 그런 생각을 하는 자신을 숨기려는 욕망이 더 큰 것입니다.

　상대에게 제대로 대응하지도 못하면서, 진짜로 대응하게 되면 그동안 마음속에 쌓여 있던 감정이 폭발해 어떤 공격성으로 나올지 두렵기도 합니다. 진짜 화를 낼까 봐 두려운 것입니다. 적절하지 못하게, 과도하게 화내는 것에 대한 두려움, 내 안의 분노에 대한 두려움, 지수 씨는 그것을 겁내고 있습니다.

　또 한 가지가 있죠. 지수 씨는 유정 씨가 옷을 지적한 것을 두고 과거에 후배가 남자 선배에 대해 한 이야기와 연결 지었습니다. 유정 씨의 말이나 후배의 말에 지수 씨가 그렇게까지 감정이 상한 이유는 무엇일까요? 짐작하셨겠지만 '야해 보이는 여자'나 '남자에게 꼬리치는 여자'에 대한 지수 씨의 강한 거부감도 한몫했다고 할 수 있습니다. 본인이 신경 쓰지 않는다면 그들의 말을 그렇게까지 민감하게 받아들이지 않을 수 있는데, '그런 여자'로 보이는 것에 대한 지수 씨의 두려움과 판단이 먼저 있었던 것은 아닌가요. 그런 여자로 보이면 안 된다는 과도한 의식이 지수 씨 자신을 더욱 힘들게 만드는 것입니다.

　유정 씨의 질투를 불러일으킬 만큼 지수 씨가 매력적인 여성일지도 모릅니다. 그렇다면 여성으로서 매력이 있다는 사실을 즐기면 되지 않나요. 그런다고 해서 아무도 비난하지 않습니다. 유정 씨도 질투의 감정, 즉 부러움을 담아 던진 말일 수 있습니다. 그런데 지수 씨는 그것을 비난으로 받아들이는 것입니다.

실은 지수 씨 자신도 마음 깊은 곳에서는 매력적으로 보이고 싶지만 그것을 남에게 들키고 싶지 않았는데, 잘 차단해온 욕망을 다른 사람이 건드려서 과도하게 반응한 것은 아니었을까요. 자기가 원하는 순간에, 원하는 만큼만 드러내고 싶은 욕망이 자기가 드러내고 싶지 않은 순간에, 자신이 원하지 않는 방식으로 드러나 버린 데 분노하는 것 아닐까요.

그렇게 보면 지수 씨는 타인의 공격에 한발 늦는 것이 아니라 실은 자신에게, 자신의 욕망에 한발 늦은 셈입니다. 그런 데다 그 순간조차 타자의 눈에 비친 자신의 이미지가 망가지면 어쩌나 하는 두려움에 제대로 분노를 표현하지도 못한 것입니다.

지수 씨는 자기 욕망을 드러내지 않는 방식으로 자기를 포장하며 살아왔다고 할 수 있습니다. 그런데 걱정스러운 것은 지수 씨의 분노가 이제 우울로 드러난다는 것입니다.

우울을 상실이나 슬픔과 연결 짓기도 하지요. 부모님이 돌아가시거나 배우자가 죽는 등 가까운 사람과의 이별 후 겪는 단계들이 있습니다. 먼저 상실의 단계가 있습니다. 많은 사람들이 사랑하는 사람을 잃고 자책합니다. 그날 그때 그것을 했더라면, 더 큰 병원에 갔더라면, 외출을 안 했다면, 미리 알고 대처했다면…. 그런 감정은 자신에 대한 분노로 돌아옵니다. 자신이 아무것도 할 수 없고 돌이킬 수도 없는 무기력한 상황에서 죄의식이 과도해지고, 급기야 자신에 대한 분노가 우울로 넘어갑니다.

상담실을 찾는 많은 중년 여성이 우울증 때문에 힘들어합니다. 이야기를 하다 보면 시부모와 남편 또는 친정에 대한 분노가 넘쳐납니다. 자기 분노를 표출하기는커녕 아무것도 못했다는 자책감과 함께 자기 자신을 지키지 못했던 스스로에 대한 분노가 분출하는 겁니다.

누군가에게 화를 내는 것이나 우울한 것은 모두 자기파괴적 행위입니다. 적절한 순간에 적절한 대상에게 감정을 표현해야 하는데 그것이 제대로 이뤄지지 않을 때, 직접적이지 않은 대상에게 과도하게 분노를 표출하게 됩니다. 우리는 실은 분노 때문에 우울한 것입니다. 그 분노가 자기 자신을 향할 때, 그 분노를 올바른 대상에 적절하게 풀면 되는데 그걸 자기 안으로 가져와 억압하다 보면 자기에 대해 느끼는 효용감, 자존감이 낮아집니다.

정말 솔직하게 지수 씨의 은밀한 욕망을 풀어놓는다면, 그것은 다른 사람들에게 매력적으로 보이고 자신을 한껏 드러내 보이고 싶은 것일 겁니다. 주변 사람들이 그렇게 말했다고 화가 난다면 자기 욕망을 통찰하지 못했기 때문입니다. 다른 사람에게 어떻게 비칠지에 대해서만 고민할 뿐 정작 자신이 무엇을 원하는지는 자신도 파악하지 못하고, 그저 상대에게 들켜버린 것에 화를 내는 것인지도 모릅니다.

지수 씨 자신이 보기에는 할 말 다하는 주변 사람 때문에 속이 상합니다. 자신은 하고 싶은 것을 못하는데 그들은 하고 있으니 억울하다는 거죠. 이는 언니와 싸우기를 포기한 것이 중요한 계기가 될 수 있습니다. 지수 씨는 유정 씨나 후배에게 언니의 모습을 보았는지도 모릅니다. 정신분석 용어로 '전이transference'이자 '투사projection'라 할 수 있습니다. 분노해야 할 직접적인 대상인 언니는 없어졌는데, 이제 그들이 언니의 자리에 놓인 것입니다. 지수 씨는 언니에게 말 한마디 못했던 어린 시절의 지수 씨로 돌아갔고요.

지금 당신에게 힘든 감정을 촉발시키는 사람이 있나요? 화나고 의기소침해지고 우울하게 만드는 사람이 있습니까? 그렇다면 그 대상이 과거의 어떤 이미지나 감정을 재생시키는지 확인해보십시오. 같은 감정을 불러일으키는 대상이나 사건이 있었는지 떠올려보십시오. 나의 지각에 인지되지 않았지만, 미처 인식될 겨를도 없이 똑같은 반응을 불러일으키는 것이 있을 겁니다. 그 감정을 일으키는 최초의 경험을 자각하고, 그때의 감정과 대응방식이 어떻게 드러나는지 살펴보아야 합니다.

지수 씨는 언니와 맞서 싸워 언니를 잠재운 적이 없습니다. 그런 경험이 없었으므로 이후에도 비슷한 상황이 왔을 때 뜻대로 되지 않습니다. 지수 씨는 자신을 공격하는 여성을 만나는 순간 어린 시절로 돌아갔고, 그들은 언니가 되었습니다. 그것은 마치 과거 어떤 시점의 감정이 제대로 흘러가지 않고 어딘가에 고여서 상해가고 있다고 할 수도 있고, 또는 그것을 정화하기 위해 불필요한 에너지를 계속 사용해서 소모되는 것과 같다고도 할 수 있습니다. 이럴 때 지수 씨에게 '뭐가 그렇게 무서워? 맞장 떠' 하고 등 떠민다고 도움이 되지는 않습니다. 그 시점과 이미지에 얼어붙어 있는 지수 씨에게는 그런 피상적인 조언이 별반 쓸모가 없습니다.

인간에게는 항상 회복을 독려하고 완전성을 추구하는 깊은 차원이 있다고 융이 말했습니다. 그것을 '자기Self'라고 하죠. '자기'는 우리 내면에서 잘 사용하지 않거나 왜곡되어 쪼그라들어 있는 특성들을 원래 상태로 회복하라는 메시지를 보낸다고 합니다. 즉 우리 내면 깊은 곳에는 손상되지 않은 원래의 상태, 훼손하지 않은 상태로 회복하려는 역동이 있다는 것입니다. 때로 그 메시지는 꿈을 통해 드러나기도 합니다. 내면의 평형을 요구하는 자기가 있는데, 그것이 메시지를 보낸 것입니다. '여기가 네 삶의 문제가 시작되고 누수된 곳이다, 그 일에 대해 누수된 지점이다'라는 메시지 말입니다.

그러니 과거의 그 지점에서 누수되고 있는 감정을 잡아야 합니다. 언니와의 갈등을 포기한 후 지수 씨는 그것이 별일 아니라고 생각했을지 모르지만, 그 지점에서 자꾸 누수가 되다 보면 어느 순간 관이 터집니다. 지금 당장 터지지 않는다 해도 다른 지점에서 그 감정을 만날 수 있습니다. 만약 지수 씨가 딸을 낳았는데 자신과 닮지 않거나 자기주장이 강할 때, 딸아이에게서 언니를 보게 될지도 모를 일입니다.

한편으로 지수 씨에게서 관계의 고지식함과 보수성을 발견할 수 있습니다. 지수 씨는 사람들에 대한 대응이 늦는 것이 아니라, 새로운 관계를 만드는 데 한발 늦는 것입니다. 새로운 관계를 만들어내는 힘을 생성하는 데 한발 늦는 것이죠. 과거의 자기, 완고한 자기 틀에 묶여 있기 때문에 늘 현재의 감정에, 욕구에 한발 늦는 것입니다. 한발을 과거에 묶어둔 채 자기를 보고 관계를 보던 방식에서 벗어나, 한발을 떼어내 자신을 새롭게 보아야 할 것입니다.

나아가 자신에 대한 성찰은 사회적 성찰로도 연결됩니다. 지수 씨에게 주어진 또 하나의 과제는 여성에 대한 사회적 인식에 대항해야 한다는 것입니다. 옷차림에 대해 품평하고 놀리며 키득대는 남자 동료의 발언은 성차별적인 행위인데, 지수 씨는 그걸 참습니다.

　그런 지수 씨가 과연 자신과 유사한 상황에 놓인 다른 여성 또는 남성을 도와준 경험이 있을까요. 험한 꼴을 보고 싶지 않아 그냥 참기만 했을 것입니다. 아니면 외면했겠지요. 그러나 그런 상황을 그대로 두면 유정 씨나 남자 동료는 다른 사람에게도 똑같은 행동을 할 수 있습니다. 사실 사회생활을 하다 보면 유정 씨보다 더한 여성을 만나기도 합니다. 개중에는 사회적 성공을 거둔 이들도 많습니다. 그들이 그 자리에 오르도록 그들의 공격성과 질투심을 눈감아준 평범하고 소심한 수많은 여성들이 있는 것은 아닐까요. 그런 여성의 문제점을 개인의 성격 문제로만 바라본 것이지요. 그러나 사회적 차원으로 본다면 문제가 달라집니다.

　지수 씨는 소시민의 전형적인 모습을 보여줍니다. 물론 커다란 불의라고 할 수는 없지만 잘못된 부분을 방조하거나 속으로만 화내며 상황을 그대로 둔 것입니다. 방관자에게도 책임은 있습니다. 악을 저지르는 사람은 악인에 동조하는 사람이 있기에 계속 악행을 저지릅니다. 자신에게 개인적인 폭력이 가해지면 자극을 받고 그렇지 않으면 눈감는 것이야말로 불의를 그대로 두는 일입니다. 모두가 그런 문제에 대해 민감하게 반응한다면 지금보다 사회가 공정하고 합리적으로 돌아갈 것입니다. 최근 학교에서 벌어지는 왕따 문제도 이와 다르지 않습니다. 내 일이 아니라고, 내 아이의 문제가 아니라고 관여하지 않을 때 결국 아무도 나를 도와주지 않게 됩니다.

지수 씨의 문제는 개인적 차원에서 성장사와 관련해 살펴볼 부분도 있지만, 이처럼 사회적 차원에서 정의로움의 문제로 들여다볼 수도 있습니다. 정신분석은 개인의 정신구조를 밝혀내고 그것을 더 건강하게 재건해 나가는 데에는 탁월하지만, 개인과 사회구조의 연관성에 관해서는 상대적으로 관심이 덜합니다. 따라서 문제를 해결하기 위해서는 정신분석과 더불어 사회적 연대에 대해서도 같은 비중으로 생각해보아야 합니다. 개인의 책임과 연대, 연대해야 할 책임, 연대에 대한 책임에서 놓치고 있는 부분이 있습니다. 연대라는 차원에서 볼 때 모든 개인은 항상 (어떤 입장을 표명하는) 정치적 행위를 하고 있다는 사실을 잊어서는 안 됩니다.

이제 지수 씨는 자신이 그동안 맺어온 관계를 다른 방식으로 보아야 합니다. 우리 또한 마찬가지고요.

회피애착 :
관계에 일방적 피해자는
없습니다

프리랜서 번역가인 준희 씨는 나이 서른이 넘도록 제대로 된 연애 한 번 못해봤습니다.

가족들의 성화로 언니가 소개해준 남자를 스물일곱 무렵 만난 적이 있기는 합니다. 남자는 성격도 좋아 보이고 매너도 좋았습니다. 준희 씨도 어떻게든 사귀어보려 했는데 몇 번 만남을 가지며 가까워질수록 자신도 모르게 불편함이 자꾸 올라와서 더 이상 가까워질 수 없었습니다. 결국 남자와는 헤어졌습니다.

그 후에도 두어 번 소개팅을 해봤지만 관계가 발전되지는 못했습니다. 가장 큰 문제는 관계가 가까워질수록 불편함이 점점 커진다는 것입니다. 이래서는 안 되겠다 싶어 한 남성과는 의도적으로 가까워지려 노력했으나 어느 순간 그 사람이 자신의 본모습을 보면 완전히 실망하고 자신을 혐오할 것 같아서 이유도 제대로 설명하지 않고 관계를 끝내버렸다고 합니다.

사실 준희 씨는 연애만 못하는 것이 아니라 전반적으로 사람들과 관계 맺는 것 자체가 어렵습니다. 자신을 싫어할까 봐 사람들에게 다가서는 것조차 시도하지 못합니다. 왠지 자기를 싫어할 것 같고, 뭐라도 같이하고 싶어도 상대가 거부하리라는 생각이 들어서 도무지 사람들과 섞일 수가 없었습니다. 번역과 원고 윤문하는 일로 생활비를 벌고 있어서 사람들과 부딪힐 일도 별로 없으니 더욱더 사람 만나는 일이 익숙지 않았습니다.

준희 씨에게는 어떤 문제가 있는 것일까요. 사람들이 자신을 거부하리라는 '두려움'이라 할 수 있을 것 같습니다. 친밀한 관계를 만드는 것이 두려운 것입니다.

사실 이것은 준희 씨만의 두려움은 아닙니다. 어쩌다 속내를 털어놓게 되면, 자신의 본모습을 사람들이 알면 좋아하지 않을 것이라 믿는 이들이 의외로 많습니다. 그래서 자신을 잘 드러내려 하지 않고 관계에 소극적인 경우도 많습니다. 부정적인 자기 이미지를 가진 사람들이 대체로 그렇습니다.

상담 관련 수업을 하면서 학생들과 이런 활동을 가끔 해봅니다. 두 명씩 짝을 지은 다음 "눈을 감으시고, 남들에게 차마 말하지 못한 부끄러운 일이나 자기만의 상상, 꿈, 공상, 어린 시절의 경험, 이걸 얘기하면 타인이 날 형편없다고 생각할 것 같은 것을 떠올려보세요"라고 합니다. 그러고는 눈을 뜨게 한 다음 옆에 앉은 짝에게 그것을 말하게 합니다.

처음에는 모두들 하기 싫다고 투덜대고 야단입니다. 하지만 장담하건대 짝에게 말하고 나서 후회하는 사람은 단 한 명도 본 적이 없습니다. 자기 짝을 이상한 사람이라고 말하는 경우도 없습니다. 대체로 '정말 힘들었겠다, 맞아, 나도 그랬지' 하고 공감합니다. 말한 사람도 말하고 나니 별거 아니었다는 반응을 보입니다. 물론 받아들이지 못할 사람에게 섣불리 속내를 토로했다가 상처받는 경험도 있었을 테지만, 성숙하고 안전한 사람에게 자신의 부끄러운 이야기를 해보는 것은 관계의 어려움을 덜어내는 좋은 방법입니다.

우리의 관계를 가로막는 큰 어려움 중 하나는, 사람들이 나의 못난 모습이나 숨기고 싶은 모습을 알게 되면 나를 싫어하리라는 믿음입니다. 이런 이유 때문에 준희 씨는 관계 자체를 맺지 못하고 제대로 된 연애조차 하지 못했던 것이죠.

이게 어디 준희 씨만의 문제이고 여성만의 일이겠습니까. 남성들도 준희 씨와 같은 어려움을 겪는 사람들이 적지 않습니다. 대개 형제관계 속에서 존재감을 갖지 못하는 사람들이나, 부모님으로부터 계속 부정적인 피드백을 받은 사람들이 자신감이 부족하고 사회생활이나 인간관계를 많이 어려워하는 것 같습니다. 준희 씨도 어려서부터 공부 잘하는 오빠, 집안의 보배인 언니, 재능 있는 남동생에 비해 자신은 아무런 개성도 없고, 사람들에게 관심받지도 못한다는 생각을 해왔습니다.

오빠는 고등학교 때까지 공부를 썩 잘했는데 대학입시에 실패해서 아버지가 많이 실망했고 그 후로 부자관계가 좋지 않았다고 합니다. 언니는 엄마를 도와 살림을 맡아 했고, 어려운 가정형편에 도움이 되겠다며 스스로 결정해 상고에 진학했습니다. 졸업 후 안정적인 직장에 취직하고 한동안 부모님 뒷바라지도 하다가 돈을 모아 자기 힘으로 대학도 가고 결혼도 했습니다. 준희 씨와 연년생인 남동생은 그림에 소질이 있어서 국내 유수의 미술대학에 진학했고 장학금을 받으며 외국에서 유학 중입니다. 이런 남매 사이에서 준희 씨가 스스로를 평범하고 별 볼 일 없다고 생각할 수도 있을 것 같습니다.

그런데 관계에 대한 준희 씨의 두려움을 살펴보면서, 단순히 자기 이미지가 부정적인 것만의 문제일까 하는 의문이 들었습니다.

오히려 부정적이라기보다는 자기 이미지가 확고하지 않아서 문제인 것은 아닌지 의심해볼 필요가 있습니다.

관계를 형성해갈 때 상대방이 나를 어떻게 볼지 알기 위해서는 일종의 정보가 필요합니다. 그런 정보를 확보하려면 과거에 자신이 사람들과 관계 맺어온 경험이 있어야 하는데, 준희 씨는 그런 경험 자체가 희박합니다. '내가 이렇게 하면 상대는 이렇게 할 것이다, 그러면 나는 어떻게 행동할 것이다'는 식의, 관계 속으로 들어가기 전에 갖고 있어야 할 기본 정보가 부족합니다.

그래서인지 준희 씨에 대해 떠오르는 인상은 한마디로 그림자 같다는 것입니다. 직업으로 하고 있는 일 이외에 준희 씨 자신에 대해 말해주는 것이 별로 없습니다. 준희 씨조차 자신이 어떤 사람이라고 말하지 못합니다. 말하자면 '준희'라는 존재를 형상화하기 어렵다는 겁니다.

이런 상황에 이르게 된 시작점이 있었을 것입니다. 대개의 경우 부모와의 관계에서 부정적인 메시지를 받았을 확률이 높습니다. 앞서 저는 인간은 응시에 의해 조각되는 것 같다는 말을 했습니다. 보이지 않는 끌이나 정으로 형태를 만들어가듯, 응시에 의해 우리 존재가 형성된다는 것입니다. 그 응시는 대개 주양육자, 즉 부모에게서 옵니다. 부모의 시선을 통해 우리 자신의 이미지가 형성된다는 것인데, 준희 씨는 아마도 그런 경험이 충분하지 않아

혼란스러운 상태에 있지 않을까 싶습니다.

즉 자기 이미지가 형성되지 못한 것은 어찌 보면 '타인이 나를 어떻게 응시할 것이다' 하는 자기 지각이 없어서이기 때문입니다. 스스로가 형체 없이 무정형의 느낌이 드는 것이죠. 준희 씨의 오빠는 집안의 대들보로 모두의 기대를 한몸에 받았고, 부모님은 자신들의 욕망을 한껏 주입했을 것입니다. 언니는 집안의 살림꾼이자 엄마의 대리인으로, 남동생은 막내이자 재롱둥이였겠지요. 그러나 준희 씨에게는 그런 것이 없습니다.

부모님은 어떤 시선으로 준희 씨를 응시했을까요. 시선은 욕망이기도 합니다. 다른 형제들에겐 어떤 역할이 부여되었고 또 그 역할을 해내는데, 준희 씨만 텅 비어 있습니다. (물론 그래서 다른 형제들이 모두 행복할 거라는 이야기는 아닙니다. 이에 대해서는 앞에서 많이 다루었다고 생각합니다.) 준희 씨는 자기 이미지가 조각되지 않았습니다. 부모의 어떤 기대나 바람도 없어서 자기 이미지를 형성할 기회가 적었을 것입니다. 그것이 준희 씨의 근본적인 고통일지 모릅니다.

타인의 눈빛은 일종의 거울이 되어 우리를 비춥니다. 우리는 스스로를 볼 수 없으니 나를 바라보는 타인의 눈빛이 곧 나 자신이 될 수밖에 없습니다. 그런데 나를 바라보는 눈빛에 아무런 메시지가 없고 어떤 개성도 특성도 없다면 그것은 그대로 나의 일부가 됩니다. 준희 씨는 중간에 끼인 딸로서 누구도 욕망하지 않고, 어떤 것도 요구하지 않는 존재로 남은 것입니다.

다시 준희 씨의 어린 시절로 돌아가 보지요. 2년 터울의 형제라면 오빠가 여덟 살, 언니는 여섯 살, 준희 씨는 네 살, 그리고 연년생 동생은 세 살 무렵일 것입니다. 공부 잘하는 오빠는 학교에서 상을 받아오고, 언니는 엄마를 도우며 인정받고, 남동생은 아기로 엄마의 사랑을 독차지하고 있을 것 같습니다. 그때 부모에게 준희 씨는 가만히 있어도 좋은 존재였을 것입니다. 그냥 무던한 아이이길 바랐는지도 모릅니다.

아이는 얌전한 것이 가장 좋다는 말을 모든 부모가 합니다. 많은 자녀를 키우느라 정신없는 부모님에게서 준희 씨는 '무존재'가 얼마나 좋은가라는 무언의 피드백을 받았을 것입니다. 무엇보다 남동생이 태어난 후 학교 가는 오빠와 유치원 다니는 언니 사이에서 준희 씨는 혼자 놀 수도 없고 그냥 놔둘 수도 없지만, 어린 동생 때문에 윗목에 밀쳐진 존재였을지 모릅니다. 만약 그런 상황이 계속되었다면 준희 씨는 자신감이 없는 게 아니라 애초에 존재감이 없었을 것입니다.

그렇다면 이런 가설을 세워볼 수도 있습니다. 준희 씨는 부모님의 응시가 없었던 것이 아니라 응시를 받아들이고 싶지 않았을 수도 있습니다. 부모님이 자신에게 관심을 기울이고 에너지를 쏟으면 그것은 부모의 바람을 역행하는 것이고, 그것은 자신이 사랑받을 수 없는 방식이라고 믿는 겁니다. 결국 부모에게 욕망되지 않기를 욕망하는, 그런 이율배반을 받아들인 것이 아닌가 하는 겁니다. 욕망의 거래원칙에서 보면 이런 가설도 가능해 보입니다.

조금 더 확실한 증거를 가지고 얘기를 해야겠습니다. 준희 씨는 사회적 장면에서 자신을 드러내기를 꺼린다고 했습니다. 직업도 사람을 자주 만나는 일이 아닙니다. 가족과도 친밀함을 형성하지 못하고 사회적인 관계를 못하니 이성관계에도 서툽니다. 여성이라는 성정체감이 형성될 기회를 갖지 못한 상태라면 인간으로 성장하는 데 지체가 있을 수도 있습니다.

우리를 사회적 인간으로 정초시키는 것은 교류와 반응입니다. 그런데 준희 씨는 사람들 눈에도 안 띄고 사람들도 안 건드리고, 자극도 없고 반응도 하지 않으며 교류할 상황을 만들어내지 않는 것입니다. 우연히 어떤 사건이라도 생겨서 어떤 사람이 준희 씨의 무언가를 눈여겨봐주지 않는다면 말입니다.

준희 씨는 이렇게 좋은 일이든 나쁜 일이든 자신을 드러낼 기회가 없었고, 외부의 시선을 받을 일도 없었습니다. 공부는 어느 정도 했지만 뛰어난 것은 아니었고, 그렇다고 자기 세계에 몰두

한 것도 아닙니다. 사실 준희 씨처럼 존재감 없이 살아가는 사람은 많습니다. 우리가 매일 만나는 많은 이들의 모습이 이렇지 않나요? 그들 중에는 튀고 싶거나 튀는 사람을 열망하거나 질투하는 사람들도 있습니다. 그만큼 타인과 관계 맺고 싶은 욕구가 있다는 것입니다. 그런데 준희 씨는 사람들 눈에 띄지도 주목받지도 않으려 하고, 그런 자리에 스스로를 세워둡니다.

여기서 한 가지 질문을 던져보고 싶습니다. 준희 씨는 눈에 띄지 않게 자신의 위치를 잡으면서 모종의 만족을 얻었던 것은 아닐까요.

어떤 방식의 삶을 고집한다는 것은 거기서 얻는 최소한의 만족이 있다는 뜻입니다. 튀지 않고, 무리하지 않고, 사건을 일으키지 않으면서 준희 씨가 누리는 것은 무엇일까요. 아마도 '안전'을 확보할 수 있을 것입니다. 부정적인 방식이긴 하지만 자신의 존재를 확인할 수 있는 방법임이 분명합니다. '거봐, 난 아무것도 못해.' 이 또한 자신을 확인하는 방법이니까요. 이렇게 말하니 준희 씨는 성공하기 위해서가 아니라 실패하기 위해 살아온 것처럼 느껴집니다.

준희 씨의 삶이 한편으로는 부럽기도 합니다. 답답하긴 하지만 책임질 게 없다는 점에서 말입니다. 많은 사람들이 자신에게 주어진 책임 때문에 고군분투합니다. 준희 씨의 주변을 돌아봅시다. 공부 잘하는 오빠는 공부를 잘하기 위해 노력해야 했을 것입니다. 언니는 엄마를 도우며 자기 앞길을 헤쳐가야 했을 테고요. 언니의 고달픈 삶에 대해 지수 씨는 얼마나 알고 있을까요. 동생은 자기를 표현하고 쟁취하는 삶을 살아야 했을 것입니다. 그런데 준희 씨는 자신이 가지고 있는 것만으로 살아가고, 누구도 그 이상을 요구하지 않으니 잘하려고 애써 노력하지 않아도 됩니다. 물론 그것이 준희 씨가 스스로에게 가장 실망하는 부분이기도 하겠지만, 더 노력하거나 무리하지 않아도 덜 손해 보고 최소한의 것은 뺏기지 않으며 그럭저럭 살아온 것입니다.

이렇게 아무것도 하지 않고 아무 일도 저지르지 않으니 칭찬이든 비난이든 타인에게 들을 일이 없습니다. 무난하게 지내도 어쨌든 삶은 삶이죠. 아무것도 하지 않음으로써 자기를 확인하는 이점이 있고, 아무런 책임을 지지 않아도 되니까요. 물론 주변에서도 건드리지 않습니다. 준희 씨는 무색무취의 그림자이거나 상징화되어 있지 않은 사람인데, 본인이 그것을 깨닫기는 싫을 겁니다. 많은 사람들이 그렇게 살고 있기도 합니다.

준희 씨가 마주한 문제에 대한 해법은 어디서 찾을 수 있을까요. 사실 쉽지 않은 문제입니다. 지금의 준희 씨를 형성한 것은 부모의 무응시라는 응시였습니다. 그리고 준희 씨도 자신에게 어떤 요구도 하지 않은 채 그저 있는 듯 없는 듯한 존재로 자랐습니다. 그래서 사람과의 관계에서 자신이 무엇을 할 수 있는지, 어떤 존재인지 모르는 채 성장했습니다.

이제 그것을 인정하기 싫은 상태가 되었습니다. 자라면서 부모님의 기대조차 받지 못했다는 사실을 인정하고 싶은 사람이 어디 있겠습니까. 그러나 고통스럽더라도 그 사실을 받아들이는 것이 문제해결의 첫걸음이 될지도 모릅니다.

지금까지 우리는 기질과 부모님의 양육태도 때문에 준희 씨의 삶이 이렇게 되었다고 추적해왔습니다. 그렇다고 해도 살면서 준희 씨가 또 다른 자기를 만나는 경험이 아예 없었을까요. 무엇보다도, 준희 씨에게 맞는 일이나 좋아하는 것이 있지 않을까요. 준희 씨가 하고 있는 번역이나 윤문은 꽤 까다로운 작업이어서 어느 정도 능력과 재능이 있어야 좋아할 수 있는 일입니다. 그 일이 준희 씨를 만족시키는 부분도 있을 것입니다. 준희 씨의 성격과도 잘 맞고, 다른 일보다 그나마 할 수 있는 일이고요. 설령 먹고 살기 위해 어쩔 수 없이 한다고 하더라도 말입니다. 준희 씨에게 그 직업을 감당할 만한 능력이 있다는 뜻입니다.

준희 씨가 진심으로 감탄하고 감동해본 적은 없었는지도 궁금합니다. 감동한다는 것은 무엇인가에 자신을 놓아주는 것, 나를 놓는 것, 다 던져보는 것인데 그걸 한 번이라도 해보았나 하는 생각이 듭니다. 아무것도 기대하지 않고 그저 해보고, 저지르고, 감수하는 경험을 해보지 않는다면 감동을 얻을 수 없습니다.

물론 관계를 맺음으로써 새로운 것을 만들지 않으면 감동을 느끼기는 쉽지 않습니다. 하지만 간접경험도 하나의 경험이잖아요. 책을 번역하고 글을 다듬는 일이 준희 씨에게는 어떤 경험으로 남았을까요. 책을 많이 읽었을 텐데, 왜 그것이 인간을 이해하는 경험이 되지 못했을까요. 책 속의 이야기나 주인공의 경험이 준희 씨에게 다가오지 않았을 수도 있습니다. 그러기에는 준희 씨의 편견이나 틀이 너무나 강한 것인지도 모릅니다. 자신의 틀에 맞지 않으니 받아들이거나 이해하지 못했을 수도 있습니다. 아니, 어쩌면 준희 씨는 한 번도 이런 생각을 해본 적 없을지도 모릅니다. 자기의 틀을 모르니 그것을 적용하거나 깰 엄두도 내지 못했을 테죠.

준희 씨는 평소 자신이 못났다고 생각한다고 했습니다. 그런 자신을 타인에게 들키고 싶지 않았습니다. 그렇다면 과연 무엇이 못났다는 것일까요. 무엇을 하고 싶은데 못났다고 생각하는 것인가요.

사실 준희 씨가 잘하고 싶다고 생각하는 것은 실체가 없습니다. 준희 씨는 늘 무엇에 자신을 잘 맞출 수 있는지 고민했을 뿐

내가 어떤 존재로 타인에게 다가갈지, 어떤 모습으로 세상에 나아갈지에 대해서는 생각하지 않았거든요. 준희 씨는 어떤 사람이 되고 싶은지 자신에게 질문을 던져보지 않았습니다. 자신의 자리를 만들려는 노력을 다하지 않았습니다. 거부당하지 않을 것만을 생각했을 뿐, 관계에서 자신에게 주어진 책임을 지려고 시도조차 제대로 하지 않은 것입니다. 준희 씨는 최소한의 안위만을 확보하려 한 것인지 모릅니다. 자기 삶에 책임지고, 관계를 맺으며 받을 수 있는 상처나 고통을 외면하지 말아야 합니다. 그래야 관계를 만들어갈 길이 열립니다.

이성을 만나고 싶다면 어떤 남자를 만나고 싶은지도 알아야 합니다. 그런데 준희 씨에게는 그것이 없습니다. 그래서 연애가 안 되었죠. 준희 씨는 자기 이미지도 희박하지만 타인에 대한 이미지도 없는 것입니다.

그림에 구성 작업이라는 것이 있지요. 구성을 할 때에는 물감의 한 색깔과 다른 색깔의 교집합으로 어떤 색이 나올지를 먼저 상상해야 합니다. 그런데 각각의 색깔을 모르면 그것을 합쳐서 어떤 색이 나올지 알 수 없습니다. 마찬가지로 내 색깔도 모르고 다른 사람의 색깔도 모른 채 교집합의 색깔을 만들어놓으면 자신도 놀랄 만큼 마음에 들지 않는 색이 나올 수도 있습니다.

준희 씨가 이제 분명히 자각해야 할 것이 있습니다. 타인에게도, 실은 자신에게도 관심이 없다는 사실 말입니다. 타인에게도 관심이 없고, 자기 자신에게도 관심이 없고 오로지 다른 사람의 눈에 내가 어떻게 보일지에만 관심이 있었던 것은 아닌가요. 남들이 나를 싫어할까, 혹은 좋아할까, 오직 그것에만 관심이 있는 것은 아닌가요.

타인에 대한 관심은 자신에 대한 관심으로 연결됩니다. 이 자연스러운 흐름을 이어가려면 사람들이 나를 좋아할지 싫어할지에만 촉각을 곤두세우지 말고 사람 그 자체를 만나야 합니다. 타인이든 자신이든, 사람 그 자체에 진정한 관심을 가져야 관계를 형성할 수 있습니다. 지금처럼 유리에 갇혀 있는 진공 상태의 삶에서는 아무것도 안 됩니다. 타인에게 관심을 가지면 타인들의 약한 면도 보게 될 겁니다. 또한 자신의 결점도 드러날 수밖에 없습니다. 물론 자신의 약한 부분이 드러나는 것은 두려운 일이지만요.

저 역시 그런 두려움이 있었습니다. 사회적인 자리에서 나보다 나이 많거나 권위 있거나 경륜 있는 사람을 만날 때면 겁이 났습니다. 사람들이 많은 자리에 가면 나 자신이 여기에 어울리지 않는 사람이라고 느끼기도 했습니다. 농담도 제대로 못하고 타인의 정서 반응에 답하는 데에도 많이 서툴렀습니다. 온통 타인에게 어떻게 보일지 신경 쓰다 보면 내가 있지 말아야 할 자리에 있는 것 같아 힘들어하기도 했습니다.

그런데 사람들과 지내다 보니 누구나 다 그렇다는 사실을 알게 되었습니다. 칭송받는 교수나 학자도, 전문가 그룹에 속하는 사람도 인간적인 약점이 있고 모두 조금씩 두려움을 갖고 있었습니다. 어느 순간 '다들 나처럼 쫄고 있네' 하는 생각이 들더군요. 그때부터 사람 만나는 것이 자연스럽고 편안해졌습니다. 우리 모두가 약하다는 것을 알게 되었으니까요.

준희 씨는 실은 너무 비교에 능숙하고 익숙한 사람일지도 모릅니다. 단순히 관계를 못 맺는 숙맥이 아니라, 자신도 모르는 속물적인 부분도 있을지 모릅니다. 타인의 평가에 나를 맞추려는 불안은 내가 타인을 계속 평가하고 있다는 불안에서 비롯된 것이니까요. 즉 내가 그것에 민감하다는 뜻이죠. 자기 삶의 조건을 가지고 계속 못났다고 생각하는 것처럼, 타인도 그렇게 바라보는 것입니다.

우리는 평가에 익숙한 사회에서 살아가고 있습니다. 알랭 드 보통이 인간은 두 종류가 있다고 했지요. 어머니와 속물. 속물이 많아서 우리가 불행하다고 했습니다. 이런 세상에서 내가 받아들여질까 하는 사회적 공포감이 우리 모두에게 있습니다. 많은 사람들이 외부의 시선에 자신이 부합하는지 평가하는 데에만 너무 익숙합니다.

그러나 누구도 누구를 평가할 수 없습니다. 사람을 판단할 수는 없습니다. 그런데도 타인이 타인을 평가하는 방식으로 우리도 따라 하고 있는 것이죠. 그 또한 준희 씨가 떨쳐내야 할 부분인지도 모릅니다.

애착이론의 관점으로 보면 준희 씨는 관계에서 '회피애착avoidant attachment'이라 할 수 있습니다. 보통 다른 애착관계에서는 관계를 향한 물꼬가 트여 있게 마련인데, 회피애착은 물꼬 자체가 트이지 않은 상태입니다. 어린 시절 부모와의 관계가 원인이 된 경우가 많습니다.

어찌 됐든 관계의 물꼬를, 물길을 만드는 연습을 해야 합니다. 준희 씨가 이렇게 사는 것이 편하다고 하면 그대로 살아도 됩니다. 그런데 준희 씨는 고통을 겪고 있지 않습니까. 타인에게 다가가고 싶은데 그러지 못하고, 관계를 맺고 싶은데 그러지 못해 고통스러워하지 않나요. 고통을 곱씹지 말고 이제 변화해야 합니다.

준희 씨는 지금껏 부모 외에 자기를 봐줄 사람이 없었습니다. 가족이라는 폐쇄회로에서 나오기가 쉽지는 않을 것입니다. 그 틀을 스스로 깨고 나오든가 바깥에서 어떤 사건이 있어야 할 것 같습니다. 직접 저지르든, 어떤 일이 벌어지든, 고통과 마주하는 중요한 경험이 있어야 합니다.

준희 씨는 기억해야 합니다. 자신의 문제는 가족에게만 있지 않습니다. 준희 씨 자신은 피해자라고 생각할 수 있지만 그렇지 않다는 것을 이해해야 합니다. 그 노력이 자기를 이해하고, 관계로 진입하는 데 도움이 될 것입니다. 관계에서 일방적인 피해자는 없습니다. 자신의 책임을 자각해야 합니다. 성장하기 위해서는 자신의 책임을 다하지 않으면 안 됩니다.

존재의 초라함을 안다는 것

뉴질랜드에서 일하다 귀국해서 대안학교 교감을 할 때였습니다. 그곳에는 다양한 형태의 학교나 문화공동체가 여럿 함께 있어서 큰딸과 막내아들도 저와 함께 그 공동체에서 배우고 있었습니다.

어느 날 오후 무렵, 당시 여덟 살이 채 안 된 아들이 찾아와 배고프다고 하기에 우리는 조금 이른 저녁을 먹으려고 구내식당에 가서 떡볶이며 라면 같은 분식을 시켰습니다. 늦여름이라 여전히 더웠고, 창으로 해가 들이쳐 우리는 조금 더워하며 음식을 먹었습니다. 주변에는 아무도 없었고, 저는 열심히 먹고 있는 아들을 바라보았습니다. 그러다 라면 한 젓가락을 뜨며 문득 저는 '아, 나는 참 초라하다'라는 생각과 하나가 되었습니다.

그 순간 저는 삶이 멈추는 감각을 했습니다. 그리고 '나'를 정확히 만났습니다. 그것은 내 존재가 내 존재에게 언약한 계시였으며, 지나온 삶에 대한 확증이었습니다. 정확한 나 자신의 앞과 뒤를 동시에 본 순간이었습니다. 이제 더 살지 않아도 좋다고 생각했습니다.

단 한 줄의 이 생각이 당신에게는 아무런 감흥도 없을 수 있겠습니다. 그것은 제게도 격한 감동의 순간은 아니었고 격정적인 깨달음의 경험도 아닌, 당연한 어떤 현상이 눈앞에 나타나듯 한 것이었기에 이것을 생동감 있게 묘사해내지 못하겠습니다. 다만 존재의 초라함을, 아니 존재야말로 원래 초라하다는 것을, 그 사실을 거역하고 자시고 할 수도 없음을, 저는 오차도 간극도 없이 그때부터 그 앎 속에서 살게 되었습니다.

그렇게 되기까지 제 삶을 돌이켜보니 버림과 포기의 연속이었고, 불안과 뒤척임의 세월이었습니다. 그 끝장이 '아, 나는 참 초라하다'였습니다. 초라한 제 삶이 저를 믿어주고 있는 것입니다.

그 후로 세상을 살다 보니, 인간을 믿기는 점점 더 어려워졌지만 인간을 점점 더 사랑할 수 있게 되었습니다.

아직도 저를 세상에 내모는 단 하나의 동기가 있다면 '먼저 안 사람으로서의 책임을 다하는 것'입니다.

제가 말하는 '포기'는 우리 삶의 초라함을 보존하고 지키기 위함입니다.

그것입니다. 우리가 해야 할 일은, 우리가 모두 초라하다는 것을 아는 것입니다.

그러면 우리는 초라한 인간을 연민할 수 있고, 그럼으로써 우리는 더 이상 초라해지지 않을 수 있습니다.

세상을 망치고 주변 사람을 괴롭게 하는 사람들은 모두 과도하게 팽창된 자아를 가지려는 욕망 때문에 그렇게 합니다.

그런 사람이 되려는 욕망을 포기합시다. 당신은 어떠신가요?

줄입니다.